Constanze Grüger • Susanne Weyhe

Turnhits für Krabbelkids

Bewegungsförderung für die Kleinsten mit 52 Wochenturnstunden und Liedern durch das Jahr

Illustrationen: Anne Wöstheinrich

Ökotopia Verlag, Münster

Impressum

Autorinnen   Constanze Grüger · Susanne Weyhe
Illustrationen Anne Wöstheinrich
Satz   Hain-Team, Bad Zwischenahn
Notensatz   Ja.Ro-Music, Taunusstein
ISBN   978-3-86702-066-4

1 2 3 4 5 6 7 8 9 10 11 12 · 16 15 14 13 12 11 10 09

Alle Lieder dieses Buches gibt es auf der CD
von Stephen Janetzko:

Turnhits für Krabbelkids
**Quirlige Lieder für die Kleinsten zum
Krabbeln, Laufen, Hüpfen und Klatschen**
ISBN 978-3-86702-067-1

❶ Haftungshinweis:

Alle Bewegungsaufbauten in diesem Buch sind kindgerecht und wurden in der Praxis erprobt. Die Durch-
führung erfolgt jedoch grundsätzlich auf eigene Gefahr. Es besteht kein Haftungsanspruch!

Inhalt

Einleitung

„Lernen mit Kopf, Herz und Hand!"
(Johann Heinrich Pestalozzi)

Dieses pädagogische Prinzip von Pestalozzi hat uns motiviert das vorliegende Buch zu schreiben. Zugleich war es auch die Herausforderung, den immer wichtiger werdenden Bereich „Bewegung für die Kleinsten" kreativ und vor allem abwechslungsreich und vielseitig zu gestalten. Das Buch bietet **über 200 spielerische Bewegungs- und Turnaktionen** für den täglichen Einsatz, aufgelockert durch **13 neue Kinderlieder** zum Mitsingen und aktivem Mitmachen. Die Angebote richten sich an alle **Kindertagesstätten, Krippen, Kindergärten, Sportvereine und Eltern-Kind-Gruppen,** die **mit Kindern zwischen 1 und 3 Jahren** im Bereich Bewegung arbeiten. Viele Aktionen lassen sich auch sehr gut **in altersgemischten Gruppen** bis zum Ende der Kindergartenzeit einsetzen, wenn die Bewegungsstationen für die älteren Kinder leicht abgewandelt bzw. anders genutzt werden.

Der **Aufbau des Buches** orientiert sich am **Wochenrhythmus des Jahres,** an den Jahreszeiten und wiederkehrenden Ereignissen im Jahreslauf. Dies kommt dem Lebensrhythmus der Kleinkinder und ihrem Bedürfnis nach Orientierung entgegen. Themen wie *„Winterzeit"*, *„Vogelwelt"* oder *„Im Herbstwald"* verweisen auf den Ablauf der Naturprozesse im Jahr, während Angebote wie *„Wir feiern Karneval"* oder *„Advent, Advent"* jahreszeitliche Feste aufgreifen. Darüber hinaus setzen viele Themen wie *„Riesen und Zwerge"*, *„Kuscheltiere turnen"* oder *„Wir gehen auf Körperreise"* am lebensweltlichen Umfeld der Kinder an.

Neben den **Besonderheiten der motorischen Entwicklung von Kleinkindern** liegt in diesem Buch ein Schwerpunkt auf dem Ansatz des bewegten Lernens: Das Prinzip *„Lernen mit Kopf, Herz und Hand"* wird PädagogInnen, ErzieherInnen und ÜbungsleiterInnen anhand der ausgewählten Wochenthemen immer wieder praktisch nahegebracht.
Motorik und Sinneswahrnehmung sind ein Tor zum Leben. Durch sie wird ganzheitliches Lernen mit allen Sinnen möglich. Deshalb ist es wichtig, Kindern schon frühzeitig die Lust an Bewegung zu vermitteln. Damit das gelingt, bieten wir neben thematisch, didaktisch und methodisch gut aufbereiteten Wochenaktionen zunächst differenzierte Hintergrundinformationen zu den motorischen Grundfertigkeiten von Kindern bis drei Jahren, zur Ausstattung des Bewegungsraums und zu den Einsatzmöglichkeiten des Wochenkalenders.

Die motorische Entwicklung von Kleinkindern

Die motorischen Grundfertigkeiten wie z. B. Krabbeln, Laufen, Balancieren oder Werfen entwickeln sich bei Kindern bis zur Vollendung des achten Lebensjahrs. Sie sind die Basis weiterer koordinativer und konditioneller Fertigkeiten, die später z. B. bei verschiedenen Sportarten, aber auch im Alltag benötigt werden: Schnürsenkel binden, Essen mit Messer und Gabel oder Fahrradfahren. Da die motorischen Grundfertigkeiten alle aufeinander aufbauen, ist es wichtig, dass die Kinder Gelegenheit erhalten, jede Bewegungsstufe zu durchlaufen, damit sie sich gesund entwickeln können.

Selbst Kinder, die viel draußen spielen und sich gerne bewegen, schulen nicht automatisch alle Grundfertigkeiten. Bewegungserfahrungen sind sehr vielfältig, und oft finden Kinder Lieblingsbewegungen, die sie ausbauen und besonders gut umsetzen können. Doch Bewegungen, die ihnen schwerfallen, setzen sie von selbst nicht um. Diese Grundfertigkeiten werden nicht von sich aus wiederholt, sondern gemieden.

Aus diesem Grund ist es wichtig, dass alle Kinder durch gezielte Bewegungsanleitungen in ihrer individuellen Entwicklung gefördert werden. Defizite, d. h. mangelnde Bewegungserfahrungen in den einzelnen Fertigkeiten oder falsch ausgeprägte Grundfertigkeiten, haben sonst zur Folge, dass die motorische Entwicklung ins Stocken gerät. Dadurch kommt es sehr häufig zu gesundheitlichen Einschränkungen, motorischen Auffälligkeiten oder gar Störungen in der Sozial- und der Eigenkompetenz. Das kann z. B. bedeuten, dass Kinder wenig Selbstvertrauen zeigen, eine mangelnde Eigenwahrnehmung haben und somit Schwierigkeiten in der Kontaktaufnahme zu anderen haben.

Die richtigen motorischen Angebote zur richtigen Zeit sind also entscheidend für die gesamte Persönlichkeitsentwicklung und Gesundheit der Kinder. Hier werden schon im frühen Alter wichtige Grundsteine gelegt.

Die nachfolgende Darstellung der motorischen Entwicklungsabläufe zeigt, welche Bewegungen und Fertigkeiten sich normalerweise in welchem Lebensjahr entwickeln. So dient diese Übersicht auch dazu zu sehen, welche Bewegungsangebote altersgemäß sind und welche Bewegungsfertigkeiten noch häufiger angeboten werden müssen, damit sie sich besser ausprägen.

Die motorischen Grundfertigkeiten

Im Folgenden werden die motorischen Grundfertigkeiten bis zum 3. Lebensjahr erläutert und in chronologischer Reihenfolge dargestellt. Dies ist als Anhaltspunkt zu verstehen, denn Kinder entwickeln sich individuell und manchmal auch schubweise. Deshalb sind nur ungefähre Altersangaben möglich; die Reihenfolge, in der sich die Grundfertigkeiten entwickeln, ist jedoch immer gleich.

Die elementaren Bewegungen und Fertigkeiten werden in vier Gruppen zusammengefasst. Diese werden kontinuierlich entwickelt und sind für die Ausbildung *einer* Fähigkeit verantwortlich. Da sich dieses Buch an die Zielgruppe Kinder bis drei Jahre richtet, werden die motorischen Grundtätigkeiten, die sich im weiteren Verlauf entwickeln, nicht zusätzlich beschrieben.

In der Tabelle sind **vier große Motorikstränge** zu sehen, auf denen die einzelnen Fähigkeiten wie Perlen aufgereiht sind: **„Koordination", „Stabilisation", „Kraft" und „Rotation".** Alle Bewegungen gehen von der Kopfbewegung aus. Diese steht ganz am Anfang der Bewegungsentwicklung und steuert als Bewegungszentrum alle motorischen Handlungen. Außerdem können nur von hier die Bewegungen im Gleichgewicht gehalten werden, da das Gleichgewichtsorgan in den Ohren sitzt. Bei allen Bewegungen muss das Kopflot gehalten werden, um eine Bewegung richtig auszuführen.

Die Grundfertigkeit **„Steigen"** stellt eine Besonderheit dar, denn sie verändert sich im Laufe der Zeit kaum, sie wird nur noch detaillierter und genauer in der Ausführung.

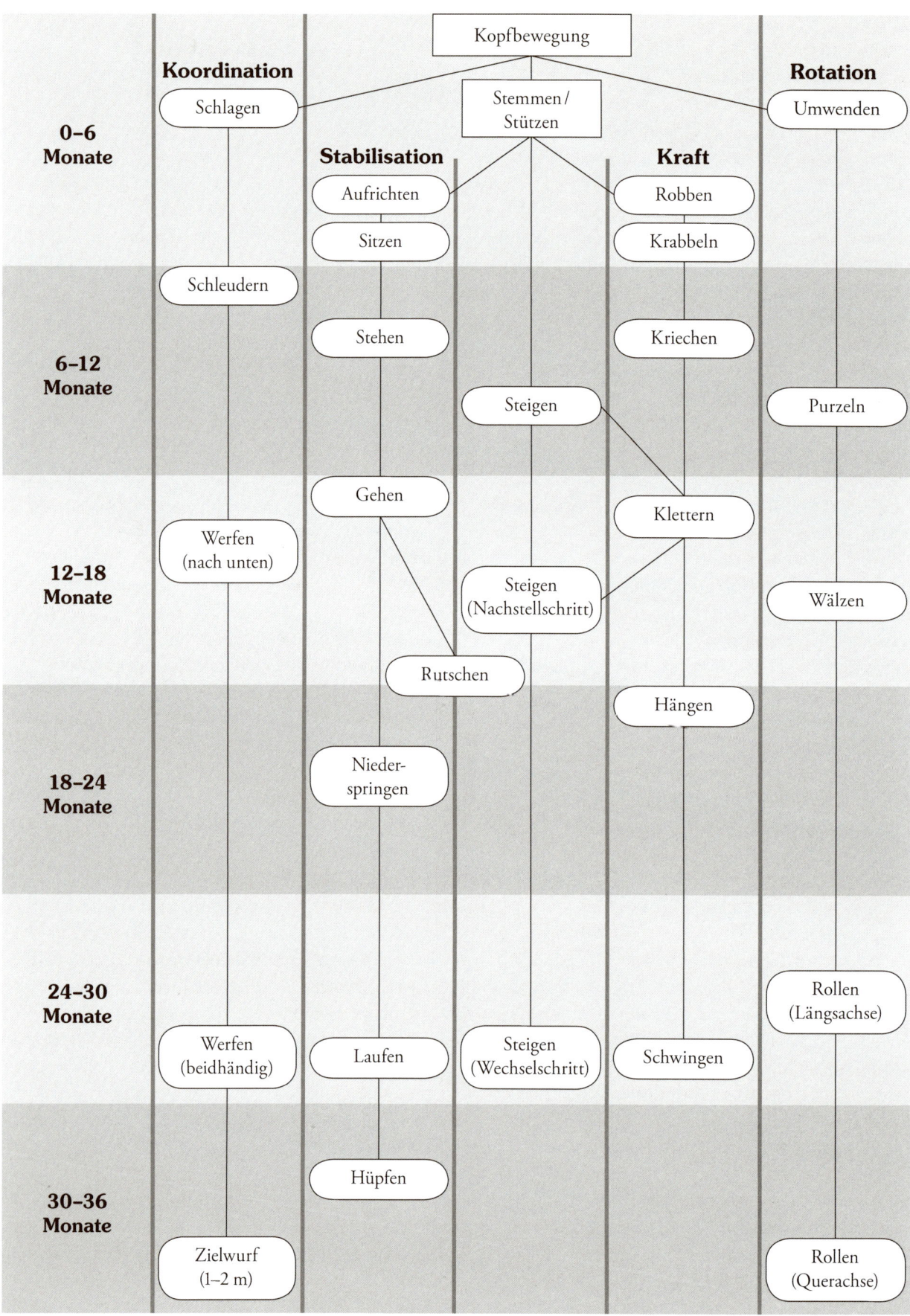

1. Koordinations-Strang

Hierzu gehören die motorischen Grundtätigkeiten **Schlagen, Schleudern** und **Werfen.** Diese Grundfertigkeiten steuern die koordinativen Fähigkeiten und sind für die Schulung der Auge-Hand-Koordination besonders wichtig, z. B. beim Greifen und Schleudern eines Balls. Darüber hinaus erhält das Kind auch eine Rückmeldung über die Wurfobjekte, deren Gewicht, Beschaffenheit und Flugeigenschaften. Außerdem bekommt das Kind eine Vorstellung von Distanzen: Je nachdem, wie es den Ball schleudert, fliegt dieser weit weg oder fällt in kurzer Entfernung auf den Boden.

Mit dem Zielwurf zum Ende des 3. Lebensjahres – das Kind wirft den Ball einem anderen Kind zu – kommt die Raumorientierung als weiterer Bewegungsbaustein dazu. Sie ist notwendig, um ein Ziel anzuvisieren und mit dem Wurfobjekt zu treffen.

2. Stabilisations-Strang

Über das **Aufrichten** und **Sitzen** kommt das Kind im ersten Lebensjahr zum **Stehen.** Es versucht sich im Gleichgewicht zu halten, seinen Körper somit zu stabilisieren. Das **Gehen** entwickelt sich in etwa vom 12.–18. Lebensmonat, und nur ein Jahr später kommt das **Laufen** hinzu. Diese Grundtätigkeit beinhaltet auch das Balancieren, z. B. beim Gehen auf schmalen Untergründen wie auf Bänken, Seilen oder Linien. Bei diesen Fertigkeiten müssen die Kinder immer ihr Kopflot halten, um im Gleichgewicht zu bleiben. Nur so ist es später möglich, aufbauende Fertigkeiten wie z. B. das Hüpfen richtig zu erlernen. Außerdem ist der Übergang von der Fortbewegung auf allen Vieren hin zum aufrechten Gang auf zwei Füßen prägend für die gesamte weitere Entwicklung.

Die darauf aufbauende Grundtätigkeit **Hüpfen** ist eine dauerhafte Bewegungsform und schult besonders die Rhythmusfähigkeit, sodass im 5. Lebensjahr auch Hopserläufe möglich sind. Das **Niederspringen** ist eine besonders gute Kraftschulung für die Beinmuskulatur und die Voraussetzung für Anläufe und komplexere Bewegungsfolgen wie z. B. das Überspringen von Hindernissen.

Mit ca. eineinhalb Jahren entwickelt sich das **Rutschen.** Zunächst haben die Kinder hierbei den Körperschwerpunkt meist am Boden, indem sie auf dem Bauch, dem Po oder auf dem Rücken rutschen. Diese Bewegungsformen kräftigen beson-

ders den Schultergürtel, aber auch die Arm- und Beinmuskeln, die bei den Kindern in dieser Zeit meist noch recht schwach sind. Außerdem wird hier schon die Gleichgewichtsfähigkeit geschult, sodass spätere Gleitbewegungen z. B. auf Teppichfliesen oder Rollschuhen möglich werden.

3. Kraft-Strang

Hierzu zählen zunächst die motorischen Grundtätigkeiten Robben, Krabbeln und Kriechen, die sich alle im ersten Lebensjahr entwickeln, wobei zuerst das **Robben** ausgeführt wird. Das **Krabbeln** ist besonders wichtig für die Festigung der Rückenmuskulatur und für spätere koordinative Fähigkeiten wie das Zusammenführen von Körperteilen der beiden Körperhälften (z. B. rechte Hand an das linke Knie). Außerdem bildet es die Grundlage für die gesamte Körperbeweglichkeit und unterstützt die Entwicklung von Grobmotorik und Kraft.

Das **Kriechen** auf Händen und Füßen schult die Armkraft besonders intensiv. Hier wird der Grundstein für die spätere Stützkraft gelegt, die z. B. beim **Klettern** oder auch beim Stützen an der Kletterstange benötigt wird. Auch beim **Hängen** an Ringen oder Tauen, wo die Kinder ihr eigenes Körpergewicht erstmals nur durch die Armkraft halten, ist Kraftausdauer nötig. Mit 18 Monaten ist diese Ausdauer zunächst meist noch sehr gering und die Kinder lassen nach kurzer Zeit los. Aber je öfter sie diese Bewegung ausführen und somit auch die entsprechende Muskulatur kräftigen, zeigen sie eine immer bessere Kondition. Bei ausreichendem Gleichgewichtsgefühl wird dann nach und nach das **Schwingen** möglich.

4. Rotations-Strang

In den ersten Monaten beginnen die Kinder mit dem **Umwenden** vom Rücken auf den Bauch und kurze Zeit darauf auch umgekehrt. Das **Purzeln** beginnt während des sechsten bis zwölften Monats, kurz nachdem die Kinder mit dem Kriechen begonnen haben. „Purzeln" bezeichnet das Weggleiten über eine Körperseite, **„Wälzen"** ein koordiniertes Abrollen über die Schulter.

In der ersten Hälfte des dritten Lebensjahres kommt das **Rollen** hinzu, zunächst um die Längsachse und am Ende um die Querachse. So führen die Kinder zunächst Baumstammrollen aus, bevor sie einen Purzelbaum schlagen. Diese Rotationsbewegungen sind für die Entwicklung der Gleichgewichtsfähigkeit, Raumwahrnehmung und des Lagesinns von großer Bedeutung, der es den Kindern später ermöglicht, Buchstaben und Zahlen mit derselben Form (d, b, p und q oder 6 und 9) zu unterscheiden. Auch die Orientierungsfähigkeit im Raum hängt stark von dieser Grundfertigkeit ab.

Die Übersicht zeigt, dass die motorische Entwicklung vom Körperzentrum, dem Kopf, ausgehend zu den peripheren Körperregionen verläuft: Die Kontrolle und Koordination der Muskeln fängt am Kopf, unserer Schaltzentrale, an und verläuft weiter zu den Füßen. Nur vom Kopf aus können Bewegungen gesteuert werden. So hebt das Kind den Kopf an, stemmt sich auf und beginnt zu krabbeln, bis es schließlich auf den Füßen geht.
Parallel dazu beginnt die motorische Entwicklung in der Körpermitte mit den großen Muskelgruppen in Bauch und Rücken, setzt sich fort über Beine und Arme und endet bei den kleinsten Muskeln in den Körpergliedern. Dies hat damit zu tun, dass in der Körpermitte unser Schwerpunkt liegt, die Kinder dort somit am einfachsten körpernahe Bewegungen ausführen können und diese als erste beherrschen. So können sie zunächst nur mit dem ganzen Fuß auf den Boden stampfen, weil dafür die Muskelgruppen im Bein arbeiten müssen, bevor sie mit den Zehen ein Tuch greifen können.

Die motorische Entwicklung von 0–3 Jahren

In der Entwicklungsphase des **ersten Lebensjahres** sind bei den Kindern viele ungerichtete Massenbewegungen zu sehen, die unter Beteiligung von Gelenken und Muskelgruppen ausgeführt werden, z. B. das Vorwärtsrobben mit ganzem Körpereinsatz. Auch sind die entsprechenden Gehirnregionen noch nicht so weit gereift, dass es den Kindern möglich wäre, die Bewegungen zu regulieren, sodass die Motorik oft noch eckig, kantig, verkrampft und ruckartig erscheint.
Im Laufe des ersten Lebensjahres und der Ausbildung der Sinneswahrnehmung gewinnt die Erkundung der nächsten räumlichen Umwelt an Bedeutung, sodass ein aktives Heranholen von Gegenständen und das Zubewegen darauf möglich wird.

Die Kinder sehen und hören besser und die Neugier auf das, was um sie herum ist, wird dadurch erhöht. Sie beginnen automatisch damit, sich auf die Gegenstände zu zu bewegen. Sie ertasten sie, bringen sie zum Klingen, indem sie die Gegenstände immer wieder auf den Boden klopfen, sie erfühlen ihre Oberfläche und erfassen die Struktur und Größe häufig noch mit den Lippen, wenn sie die Objekte in den Mund stecken. Sie werfen Gegenstände immer wieder weg und schauen ihnen nach mit unzähligen Wiederholungen, wobei sie über die Beschaffenheit des Objektes Informationen bekommen, sie aber auch zum erneuten Wiederholen animiert werden. Das bedeutet, dass die Umwelt und Räumlichkeiten für Kleinkinder so beschaffen sein müssen, dass sie mit Neugierde verschiedene Erfahrungen machen können. Ihre Sinne müssen durch eine vielfältige Gestaltung der Räume angesprochen werden, um so auch die motorische Entwicklung zu fördern.

Ab dem **zweiten Lebensjahr** findet eine intensive Auseinandersetzung des Kindes mit seiner Umwelt statt. Durch die inzwischen erworbene Grundtätigkeit Gehen haben sie ihren Bewegungsradius enorm erweitert und an Selbstständigkeit gewonnen. So wird es ihnen möglich, über Hindernisse zu krabbeln, über Hürden zu steigen, Treppenstufen zu überwinden und sich somit auch in der dritten Dimension, der Höhe, sicherer zu bewegen.

Ab dem **dritten Lebensjahr** entwickeln sich die ersten koordinativen Fähigkeiten im Bereich Werfen. Hier werden gezielte Würfe mit einer Reichweite von ein bis zwei Metern möglich, da die Kinder nun ganz allmählich ihre Raumwahrnehmung aufbauen, die auch durch das Laufen und besonders durch das Rollen um die Längsachse ("Baumstammrollen") unterstützt wird. Dies geht am Ende des dritten Lebensjahres über in das Rollen um die Querachse ("Purzelbaum") als wichtige Unterstützung für die Entwicklung der Seitigkeit und die Vernetzung der beiden Hirnhälften. Außerdem wird die Fähigkeit des Steigens ausgebaut: Die Kinder überwinden z.B. beim Treppensteigen die Stufen nicht mehr im Nachstellschritt, sondern im Wechselschritt.

In den ersten 36 Monaten wachsen Kinder am schnellsten und verändern kontinuierlich ihre Körperproportionen. Noch erscheinen manche Bewegungen etwas undifferenziert, was an der grobmotorischen Bewegungsentfaltung in dieser Lebensphase liegt. Oft fallen dadurch Bewegungen laut aus, wenn Kinder z. B. einen Bauklotz auf den Boden schlagen, weil sie ihn noch nicht behutsamer ablegen können.

Ständiges Spielen, Bewegung und Auseinandersetzung mit der Umwelt und dem eigenen Körper helfen Kindern bei der Verfeinerung und Koordination ihrer Bewegungen. Außerdem werden Muskelgruppen gestärkt, die Beweglichkeit geschult und das Körperschema – die bewusste Vorstellung vom eigenen Körper – verbessert, was für die Gesunderhaltung unseres Körpers von elementarer Bedeutung ist.

Je genauer eine Bewegung ausgeführt werden kann, desto weniger Muskulatur muss dabei arbeiten, sodass die Bewegungen weniger anstrengend sind, wodurch eine längere Ausdauer für diese Bewegung erbracht werden kann. So kann ein Kind, das sicher laufen kann und gleichgroße Schritte dabei macht, auch länger laufen als ein Kind, das in seiner Schrittlänge und -abfolge noch unsicher ist. Darüber hinaus sind dann auch komplexere Bewegungsabläufe wie z. B. das Treppensteigen besser und schneller zu erlernen.

Der Bewegungsraum

Kinder haben einen natürlichen Bewegungsdrang. Deshalb können ihnen schon im jungen Alter motivierende Sport- und Spielangebote gemacht werden, um die Lust an der Bewegung zu fördern.

Die Einrichtung des Bewegungsraums kann dazu entscheidend beitragen: Sie sollte ansprechend, hell und freundlich sein und der Raum muss mit adäquaten, altersgerechten Geräten ausgestattet sein. In den Praxisangeboten dieses Buches wird immer von der folgenden Ausstattung an Großgeräten ausgegangen. Mit diesen Geräten ist es möglich, alle vier Bewegungsstationen einer Themenwoche gleichzeitig aufzubauen (vgl. „Zum Einsatz des Wochenkalenders" → S. 10 f.).

Einige Geräte wie z. B. die kleinen Kästen lassen sich manchmal durch Stühle ersetzen und anstelle der Turnleiter kann auch eine andere Holzleiter verwendet werden. Allerdings müssen die Sicherheitsstandards stets gewährleistet sein, um die Gesundheit und Sicherheit der Kinder nicht zu gefährden!

Grundausstattung von Großgeräten:
- großer dreiteiliger Kasten
- 2 kleine Kästen
- 4 kleine Turnmatten
- Minitrampolin
- Sprossenwand
- Turnleiter
- 2 Turnbänke
- Weichbodenmatte
- 1 Paar Schaukelringe

Die folgenden Klein- und Spielgeräte sind in diesem Buch verwendet worden, aber auch hier lässt sich manches durch andere Materialien ersetzen.

Klein- und Spielgeräte
- Bälle (unterschiedliche Größen + Materialien)
- Bohnensäckchen
- Chiffontücher
- Fallschirm
- Gymnastikkeulen
- Gymnastikreifen
- Gymnastikseile
- Gymnastikstäbe
- Klanginstrumente / Tamburin
- LKW- / Treckerschlauch
- Pezzi- / Physioball
- Rollbretter
- Slalomstangen
- Strickleiter
- Tau
- Zauberschnur

Zum Einsatz des Wochenkalenders

Die Bewegungsangebote in diesem Buch sind nach den **52 Wochen des Jahres** gegliedert. Es gibt **ein spezielles Thema pro Woche**, z.B. Woche 2: *„Winterzeit"*, dem **vier Aktionen** zugeordnet sind, manchmal ergänzt durch ein einführendes **Spiellied**. Die Wochenthemen orientieren sich an den Jahreszeiten, den Naturprozessen, den jährlich wiederkehrenden Festen wie Karneval, Ostern oder Advent sowie weiteren Themen aus dem direkten Lebensumfeld der Kinder wie *„Auf dem Spielplatz"* oder *„Kuscheltiere turnen"*. Besonders vorteilhaft an dieser Ausrichtung am Wochenkalender ist die **schnelle und praktische Zugriffsmöglichkeit auf ein passendes Thema** für die nächste Bewegungsstunde – aufwendige Vorbereitungszeiten entfallen somit!

Alle Geräteparcours und Spiellandschaften sind abwechslungsreich und fantasievoll gestaltet. Die vier Geräteaufbauten jeder Woche haben unterschiedliche **Förderschwerpunkte**, die bei jeder Aktion einzeln aufgeführt sind. Benötigte **Materialien** sowie **Aufbauhinweise** sind ebenfalls übersichtlich dargestellt.
Der vielfältige und spannende Einsatz von Kleingeräten und den unterschiedlichsten Alltagsmaterialien bietet den Kindern ein breites Feld an altersgerechten Bewegungsanregungen, lässt aber auch genügend Raum für eigene Ideen und Bedürfnisse der Kinder, die Stationen umzufunktionieren und anders zu nutzen als ursprünglich gedacht.
ErzieherInnen und ÜbungsleiterInnen haben hier die Aufgabe, die Kinder beim Rollen, Klettern, Balancieren, Hüpfen, Springen, Schaukeln und Rutschen zu unterstützen, ihnen Mut zuzusprechen, ihre Ängste abzubauen und zu Erfolgserlebnissen zu verhelfen. Die helfenden Hände und die **Sicherheitsstellungen** der Erwachsenen sind gerade in diesem Alter besonders notwendig. Optimal wäre eine Eins-zu-eins-Betreuung, da die Kinder noch geringe motorische, kognitive und soziale Voraussetzungen mitbringen. Hier können ggf. die Eltern in die Arbeit miteinbezogen werden, um die wöchentlichen Übungsstunden in der Einrichtung zu unterstützen.

Natürlich wäre es wünschenswert, wenn die Kinder pro Woche mehrere Bewegungsangebote nutzen könnten. Turnhallen sind meist so ausgebucht, dass die Übungsstunde nur einmal wöchentlich stattfinden kann; in der Kindertagesstätte ist dies dagegen durch gute Planung und Organisation eher möglich.

Die **Einführung in die Wochenthemen** sollte in der Kindergruppe z.B. mithilfe von Bilderbüchern oder anderem Material vorgenommen werden. Eine gute Einstimmung trägt in jedem Fall zum Gelingen der Bewegungsstunden bei und hilft den Kindern, einen Bezug zum Thema zu bekommen. Zu vielen Inhalten gibt es neben den hier vorgestellten 13 Liedern weitere traditionelle oder moderne Lieder und Fingerspiele, die sich sehr gut mit den Kindern umsetzen lassen.
Für die Übungsstunden im Sportverein empfiehlt es sich, dass die ÜbungsleiterInnen Monatspläne an die Eltern herausgeben, damit die Themen schon zu Hause besprochen und erklärt werden können.
Im Folgenden wird das Thema *„Im Dschungel"* aus Woche 26 (→ S 69 f.) als Beispielstunde beschrieben.

Im Dschungel

Inhaltliche Vorbereitung:
Als Vorbereitung auf die Dschungelwoche eignet sich sehr schön das Bilderbuch „Das Dschungelbuch" (Kipling, Rudyard: Das Dschungelbuch: Die Mowgli-Geschichte. Arena 2005.). Der Schwerpunkt liegt im gemeinsamen Betrachten und Besprechen der Bilder. Die vier Gerätestationen „Wasserfall", „Raubtierfalle", „Affen-Hunger" und „Lianen-Sprung" können im Bilderbuch gezeigt und besprochen werden.

Aufbau und Sicherheit:
Die Spielleitung baut möglichst alle vier Stationen vor der Stunde auf (→ Beschreibung S. 69 f.). Im Gegensatz zu Kiga- oder Grundschulkindern

sind Kleinkinder als Aufbauhilfen noch überfordert und eher gefährdet. Zu ihrer Sicherheit muss bei den Aufbauten immer wieder darauf geachtet werden, dass alle Bereiche mit Matten abgesichert sind. Die Spielleitung überprüft vor jedem Stundenbeginn, ob alle Geräte in Ordnung sind und das Material keine Defekte hat.

Die Kinder sollten bequeme Kleidung tragen, am besten T-Shirts und kurze Hosen, und sie sollten barfuß turnen. Jeglicher Schmuck wird abgelegt; lange Haare werden zusammengebunden.

Stundenbeginn:

Der Stundenbeginn wird zur Erwärmung genutzt, wobei gleichzeitig die Raumorientierung für die Kleinen sehr wichtig ist.

Die Spielleitung geht mit den Kindern auf den Strichen des Hallenbodens entlang und erklärt ihnen, dass dies der Weg in den Dschungel ist. Es werden Pausen auf dem Weg in den Dschungel eingelegt, um kleine gymnastische Übungen wie Arme strecken, Hände kreisen, springen, drehen oder sich setzen und aufstehen zu machen.

Dabei spricht die Spielleitung mit Unterstützung der Kinder folgenden Spruch:

„Wir gehen jetzt auf Dschungelreise,
wir gehen jetzt auf Dschungelreise
und das geht ganz leise.

Nach ausreichender Erwärmung und Orientierung der Kinder kommen alle an der ersten Wasserfall-Station an.

Hauptteil:

Die Spielleitung erklärt den Kindern den **„Wasserfall"**. Sie krabbelt selbst die Weichbodenmatte hinauf und lässt sich herunterrollen.

Die Kinder werden jetzt zum Ausprobieren aufgefordert. Wenn ein Kind den Aufstieg nicht alleine schafft oder sich nicht traut den Wasserfall hinunterzurollen, unterstützt die Spielleitung das Kind und versucht es zu motivieren. Grundsätzlich wird kein Kind gezwungen eine Station zu turnen!

Nach einiger Turnzeit am Wasserfall wechseln die Spielleitung und die Kinder zur Station **„Raubtierfalle"**. Auch dort demonstriert die Spielleitung das vorsichtige Heraufkrabbeln über die Turnbank zur Falle. Diese wird krabbelnd überwunden und über den kleinen Kasten erfolgt der Abstieg.

An der nächsten Station **„Affen-Hunger"** werden alle Kinder zu kleinen Äffchen und klettern über die Turnleiter zur Sprossenwand hinauf. Dort wird eine der Bananen abgepflückt und als Wegproviant mit zum Boden genommen. Der Abstieg erfolgt über die Sprossenwand.

Als letzte Station steht der mutige **„Lianen-Sprung"** an. Die Kinder stellen sich auf einen kleinen Kasten, halten sich gut an den Ringen fest und schwingen an der Liane zum anderen Kasten hinüber. An dieser Station bleiben die Kinder in der Affenrolle.

Die Spielleitung kann die Turnstunde z. B. in der Rolle eines großen Affen leiten und motiviert die Kinder dadurch zum aktiven Mitmachen.

Abschluss:

Wenn die Kinder auch die letzte Station ausreichend beturnt haben, setzen sich alle in die Raummitte und singen ein Lied, machen ein Fingerspiel oder eine Entspannungsübung. Dann gehen alle auf den Linien aus dem Dschungel zurück und beenden mit dem veränderten Eingangsspruch die Turnstunde:

„Wir waren heut auf Dschungelreise,
wir waren heut auf Dschungelreise
und das war gar nicht leise!"

Selbstverständlich können auch nur ein oder zwei Stationen in einer Turnstunde aufgebaut und eingeführt werden. Auch Abwandlungen und Änderungen der Aufbauten sind möglich. Es können auch Materialien hinzugefügt werden wie z. B. kleine Affen, Raubtiere oder andere Dschungelrequisiten. Manchmal ist allerdings weniger mehr, damit sich die Fantasie der Kinder entwickeln kann.

Nun wünschen wir Ihnen gutes Gelingen und viel Spaß bei der Umsetzung Ihrer nächsten Bewegungsstunden!

Constanze Grüger
Susanne Weyhe

Der Wochenkalender

Fit ins neue Jahr

Alle Kinder sind jetzt da

⊙ Nr. 1

Text: C. Grüger / S. Janetzko – Musik: S. Janetzko

Refrain Al - le Kin - der sind jetzt da, hur - ra, hur - ra, hur - ra! | ra! | 1. Wir

ste - hen nun im Krei - se, a - ber schaut, schaut, schaut! Wir

sind zu - nächst ganz lei - se, doch dann tram - pelt je - der laut.

Alter: ab 2 Jahren
Ausgangsposition: Die Kinder stellen sich im Kreis auf.

Refrain:

Alle Kinder sind jetzt da,	*winken*
hurra, hurra, hurra! (2 ×)	*3 × klatschen*

1. Wir stehen nun im Kreise,	*ruhig stehen*
aber schaut, schaut, schaut!	*eine Hand an die Stirn legen und sich umschauen*
Wir sind zunächst ganz leise,	*leise Schritte auf dem Platz machen*
doch dann trampelt jeder laut.	*fest mit den Füßen stampfen*

Refrain:

Alle Kinder sind jetzt da …

2. Wir gehen in die Mitte,	
da gehn alle mit!	*in die Mitte gehen*
Da können wir schön kuscheln,	
das ist echt der Schmuse-Hit!	*sich eng nebeneinander stellen*

Refrain:
Alle Kinder sind jetzt da …

3. Wir können rückwärts gehen,
jeder, wie er kann,
uns einmal um uns drehen,
doch nun fasst euch wieder an.

rückwärts gehen
einmal um sich selbst drehen
den Nachbarn die Hand geben

Refrain:
Alle Kinder sind jetzt da …

4. Macht groß euch und mal kleiner,
das sieht super aus!
Jetzt stehn auf einem Beine,
dafür gibt's von uns Applaus!

sich strecken und in die Hocke gehen
auf einem Bein stehen
in die Hände klatschen

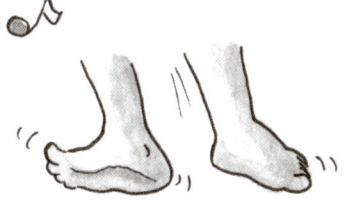

Refrain:
Alle Kinder sind jetzt da …

5. Wir springen in die Höhe,
ja, wir heben ab!
Wir hüpfen wie die Flöhe
und wir lachen uns ganz schlapp.

mehrmals hüpfen
mehrmals hüpfen
lachen und sich den Bauch halten

Refrain:
Alle Kinder sind jetzt da …

Arme strecken

Alter: ab 1,5 Jahren
Material: 2 Slalomstangen, Kordel, mehrere Schraubdeckel (von Konservengläsern), Wäscheklammern, 1 Schlegel

Aufbau:
Die beiden Slalomstangen werden mit einem Abstand von ca. 2 m zueinander aufgestellt. Dazwischen wird die Kordel schräg gespannt und die Schraubdeckel werden daran mit Wäscheklammern befestigt.

Bewegungsablauf:
Die Kinder nehmen den Schlegel in eine Hand und strecken sich so hoch, dass sie einen oder mehrere Deckel anschlagen können. Dazu können sie auch hochspringen. Wer lässt das Deckelorchester am lautesten erklingen?

Förderbereiche:
• Kräftigung der Armmuskulatur
• Auge-Hand-Koordination
• Hüpfen / Springen

Beine strecken

Alter: ab 2 Jahren
Material: 2 Slalomstangen, Kordel, 4 bunte Luftballons, 4 Glöckchen, 4 Wäscheklammern,
1 Iso- oder Turnmatte

Aufbau:
Die beiden Slalomstangen werden mit einem Abstand von ca. 2 m zueinander aufgestellt. Dazwischen wird die Kordel schräg gespannt.
In die Luftballons wird jeweils ein Glöckchen gesteckt, bevor sie aufgeblasen und verknotet wer-

den. Mithilfe der Wäscheklammern werden die Ballons an die Kordel gehängt und darunter wird die Isomatte gelegt.

Bewegungsablauf:
Die Kinder legen sich mit dem Rücken auf die Isomatte und strecken die Beine nach oben. Sie stützen sich mit den Händen neben dem Körper ab und treten mit den Füßen an einen Ballon. Der Glöckchenklang motiviert die Kinder, auch nach den anderen bunten Ballons zu treten. Durch das geringe Eigengewicht der Ballons schwingen diese dabei leicht hin und her.

Förderbereiche:
- Beweglichkeit
- Kräftigung der Muskulatur (Beine, Bauch, Rücken)
- Auge-Fuß-Koordination

Füße wecken

Alter: ab 1,5 Jahren
Material: 2 Tennisringe, 2 Quietschtiere, 1 Iso- oder Turnmatte

Aufbau:
Die Tennisringe werden mit einem Abstand von 1 m zueinander auf den Boden gelegt. Da hinein werden die Quietschtiere gelegt. Alles wird mit der Isomatte abgedeckt.

Bewegungsablauf:
Die Kinder gehen oder krabbeln über die Isomatte, sie stehen auf der Matte und trampeln mit den Füßen, sodass die Quietschtiere Geräusche von sich geben. Besonders schön ist es, wenn mehrere Kinder gleichzeitig über die Matte robben und sich von den Klängen überraschen lassen!

Förderbereiche:
- Krabbeln / Kriechen / Robben
- Gehen / Laufen

Körper winden

Alter: ab 1 Jahr
Material: 2 Kasteninnenteile, Kriechtunnel

Aufbau:
Die beiden Kasteninnenteile werden um die Hälfte versetzt nebeneinander aufgestellt. Der Kriechtunnel wird so durch die Kästen geführt, dass ein oder zwei Kurven entstehen (s. Abb.).

Bewegungsablauf:
Die Kinder kriechen an einem Tunneleingang hinein und robben langsam durch den verschlungenen Pfad. Bei den Kurven sind sie besonders gefordert, ihren Körper zu biegen und zu wenden. Kommen alle am anderen Ende wieder heraus?

Förderbereiche:
- Krabbeln / Kriechen / Robben
- Beweglichkeit

BEINE STRECKEN

KÖRPER WINDEN

FÜSSE WECKEN

Winterzeit

Wir gehen durch das tiefe Eis

Text: C. Grüger / S. Janetzko – Musik: S. Janetzko

Nr. 2

Refrain Wir ge-hen durch das tie-fe Eis, der Schnee, der glit-zert ja so weiß. Doch

da wird es uns bit-ter-kalt, das muss sich än-dern, und zwar bald! *1. Wir*

klat-schen in die Hän-de, klatsch, klatsch, klatsch.* Wir

klat-schen in die Hän-de, ja, so wird's uns warm!

Alter: ab 1,5 Jahren
Ausgangsposition: Die Kinder stellen sich im Kreis auf.

Refrain:

Wir gehen durch das tiefe Eis,   *im Uhrzeigersinn gehen*
der Schnee, der glitzert ja so weiß.
Doch da wird es uns bitterkalt,
das muss sich ändern, und zwar bald!

1. Wir klatschen in die Hände,   *in die Hände klatschen*
klatsch, klatsch, klatsch.
Wir klatschen in die Hände,
ja, so wird's uns warm!

Refrain:

Wir gehen durch das tiefe Eis …

* Diese Zeile wird in den folgenden Strophen mehrfach wiederholt.

2. Wir klatschen in die Hände,
klatsch, klatsch, klatsch.
Wir stampfen mit den Füßen,
stampf, stampf, stampf.
Wir stampfen mit den Füßen,
ja, so wird's uns warm!

in die Hände klatschen

mit den Füßen stampfen

Refrain:
Wir gehen durch das tiefe Eis …

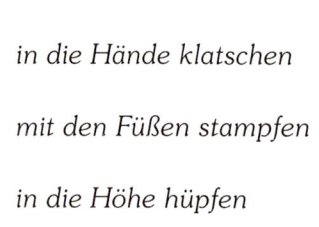

3. Wir klatschen in die Hände,
klatsch, klatsch, klatsch.
Wir stampfen mit den Füßen,
stampf, stampf, stampf.
Wir hüpfen mit den Beinen,
hüpf, hüpf, hüpf.
Wir hüpfen mit den Beinen,
ja, so wird's uns warm!

in die Hände klatschen

mit den Füßen stampfen

in die Höhe hüpfen

Refrain:
Wir gehen durch das tiefe Eis …

4. Wir klatschen in die Hände,
klatsch, klatsch, klatsch.
Wir stampfen mit den Füßen,
stampf, stampf, stampf.
Wir hüpfen mit den Beinen,
hüpf, hüpf, hüpf.
Wir strecken unsre Arme,
streck, streck, streck.
Wir strecken unsre Arme,
ja, so wird's uns warm!

in die Hände klatschen

mit den Füßen stampfen

in die Höhe hüpfen

die Arme abwechselnd nach oben strecken

Abschlussrefrain:
Wir gehen durch das tiefe Eis,
der Schnee, der glitzert ja so weiß.
So langsam ist's uns ganz schön heiß,
fühlt auf der Stirn mal euren Schweiß!

im Uhrzeigersinn gehen

stehen bleiben und die Hand auf die Stirn legen

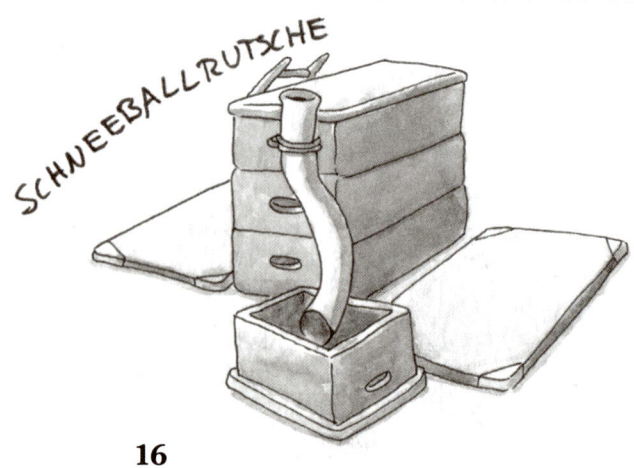

SCHNEEBALLRUTSCHE

EISBERG ERKLIMMEN

Eisblumen malen

Alter: ab 2 Jahren
Material: weiße Fingerfarbe, Schnur, Malerfolie

Aufbau:
Die durchsichtige Malerfolie wird mit einer Schnur vor einer Wand aufgehängt. Daneben wird ein Topf mit weißer Fingerfarbe aufgestellt.

Bewegungsablauf:
Die Kinder malen mit den Händen Eisblumen auf die Folie oder sie machen Handabdrucke, die wie Eisblumen aussehen.

Förderbereiche:
• Tastsinn

Hundeschlitten fahren

Alter: ab 2,5 Jahren
Material: 2 Rollbretter, 1 Antirutschmatte, 1 Schlitten, 1 Seil, 3–5 Slalom-Hütchen

Aufbau:
Die beiden Rollbretter werden nebeneinandergestellt und die Antirutschmatte wird darauf gelegt. Der Schlitten wird auf die Rollbretter gestellt und daran ein Seil befestigt. Die Slalom-Hütchen werden mit einem Abstand von jeweils mind. 1,5 m in einer Reihe aufgestellt.

Bewegungsablauf:
Ein Kind setzt sich auf den Hundeschlitten und andere Kinder (oder die Spielleitung) ziehen es im Slalom um die Hütchen.

Förderbereiche:
• Rutschen / Gleiten

Schneeballrutsche

Alter: ab 1,5 Jahren
Material: großer Kasten, Turnleiter, 2 Turnmatten, 1 Drainagerohr, 1 Seil, 1 kleiner Kasten, mehrere Softtennisbälle, 1 Tennisring

Aufbau:
Von einer Seite wird die Turnleiter in den Kasten eingehängt und eine Matte darunter gelegt. Die andere Matte wird auf die andere Kastenseite gelegt. Das Drainagerohr wird mithilfe des Seils am Kasten festgebunden. Das Ende des Rohrs wird in einen umgedrehten kleinen Kasten gelegt. Die Softtennisbälle werden neben die Turnleiter gelegt und der Tennisring auf dem Kasten platziert.

Bewegungsablauf:
Die Kinder nehmen einen Softtennis-Schneeball und legen ihn auf den großen Kasten in den Tennisring. Sie klettern die Turnleiter nach oben, nehmen den Ball aus dem Ring und lassen ihn durch das Rohr rollen. Auf der anderen Seite des Kastens springen sie auf die Matte hinunter. Ist ihr Schneeball im kleinen Kasten angekommen?

Förderbereiche:
• Steigen / Klettern
• Auge-Hand-Koordination
• Niederspringen

Eisberg erklimmen

Alter: ab 2 Jahren
Material: Sprossenwand, großer Kasten, Weichbodenmatte, 1 Strickleiter, 2 Seile, 3–5 Turnmatten

Aufbau:
Der große Kasten wird quer an die Sprossenwand gestellt und davor hochkant die Weichbodenmatte, sodass sich das obere Ende zur Sprossenwand neigt und ein schräger Abhang entsteht. Mit den Seilen wird die Strickleiter an einer oberen Sprosse befestigt und über der Weichbodenmatte nach unten hängen gelassen. Die Turnmatten werden zur Absicherung um die Station herum ausgelegt.

Bewegungsablauf:
Die Kinder steigen als BergsteigerInnen die Strickleiter hinauf und rutschen auf der Weichbodenmatte den Eisberg wieder hinunter.

Förderbereiche:
• Steigen / Klettern
• Rutschen / Gleiten

Im Eis

Vorsicht Glatteis!

Alter: ab 2 Jahren
Material: 4 Putzlappen pro Kind

Die Kinder stehen mit beiden Füßen und stützen mit beiden Händen auf jeweils einem Putzlappen und bewegen sich frei im Raum über den Boden. Wie beim Glatteis rutschen die Körperteile leicht auf dem Boden aus, sodass die Kinder sich immer wieder ins Gleichgewicht bringen müssen. Wer schafft es, ein Stück vorwärtszukommen?

Förderbereiche:
- Gehen / Laufen
- Krabbeln / Kriechen / Robben
- Rutschen / Gleiten
- Gleichgewichtssinn

Eiskunstlauf

Alter: ab 2,5 Jahren
Material: 2 Teppichfliesen pro Kind

Die Kinder stellen sich mit beiden Füßen auf je eine umgedrehte Teppichfliese und bewegen sich gleitend frei durch den Raum. Alternativ stellen sie sich mit einem Fuß auf eine Fliese und stoßen sich mit dem anderen Fuß vom Boden ab, sodass sie langsam ein Stück vorwärtsgleiten. Wie beim Eiskunstlauf zeigen die Kinder ihre Kunststücke.

Förderbereiche:
- Gehen / Laufen
- Rutschen / Gleiten
- Gleichgewichtssinn

Eisangeln

Alter: ab 2,5 Jahren
Material: 1 Gymnastikreifen, mehrere Wäscheklammern, 1 Rollbrett, 1 Korb

Aufbau:
Der Gymnastikreifen wird auf den Boden gelegt und die Wäscheklammern hineingelegt. Das Rollbrett wird in ca. 3 m Entfernung mit dem Korb daneben hingestellt.

Bewegungsablauf:
Ein Kind setzt sich auf das Rollbrett und zwei andere Kinder schieben es bis zum Eisloch. Dort angelt es sich einen Wäscheklammer-Fisch und steckt ihn an seine Kleidung. Die Kinder fahren mit dem Rollbrett wieder zurück und das Angel-Kind legt seinen Fisch in den Korb. Danach tauschen die Kinder die Rollen.

Förderbereiche:
- Rutschen / Gleiten
- Gehen / Laufen
- Feinmotorik

Wacklige Eisschollen

Alter: ab 1,5 Jahren
Material: 6 Medizinbälle, 1 großer Kastendeckel, 1 großes Kasteninnenteil, 1 Turnmatte

Aufbau:
Die sechs Medizinbälle werden nebeneinander auf den Boden gelegt. Über drei der Bälle wird ein Kastendeckel gestülpt und die anderen drei Bälle werden in das Kasteninnenteil gelegt. Darüber wird die Turnmatte gedeckt.

Bewegungsablauf:
Die Kinder krabbeln wie kleine Eisbären auf allen Vieren über die Eisschollen. Dabei geben die Eisschollen etwas nach, als ob sie im Wasser schwimmen.

Förderbereiche:
- Krabbeln / Kriechen / Robben
- Gleichgewichtssinn
- evtl. Gehen / Balancieren

Hurra, es schneit!

Schneeflöckchen, Weißröckchen

Alter: ab 2,5 Jahren
Material: pro Kind je 1 weißer Luftballon, 1 heller Müllbeutel und 1 Wattebällchen

Aufbau:
Die Luftballons werden aufgeblasen und verknotet. Die Müllbeutel werden mit einem Schwung durch die Luft gezogen, sodass sich genug Luft darin sammelt, und ebenfalls verknotet.

Bewegungsablauf:
Die Kinder spielen im Schnee und werfen sich die unterschiedlichen Flöckchen zu. So spielen sie mit den Watteflöckchen, die sehr schnell zu Boden fallen, oder mit den Luftballonflocken, die schon etwas langsamer fliegen. Die Müllbeutel-Schneeflocken dagegen schweben ganz ruhig und sehr langsam zu Boden. Die Kinder fangen die Schneeflocken mit den Händen, mit den Füßen oder sogar mit dem Kopf auf.

Variante für jüngere Kinder
Die Kinder spielen mit den Müllbeutel-Schneeflocken, die sie schleudern und fangen können, wenn sie ihnen ein Erwachsener zuwirft oder von oben auf sie niederschweben lässt.

Förderbereiche:
- Werfen / Zielwurf / Fangen
- Auge-Hand-Koordination
- Tastsinn
- evtl. Schleudern

Schneeverwehung

Alter: ab 2,5 Jahren
Material: pro Kind je 1 Wattebällchen, 1 weißer Luftballon und 1 heller Müllbeutel, 1 großes Tuch pro Kinderpaar

Aufbau:
vgl. „Schneeflöckchen, Weißröckchen" (s. o.)!

Bewegungsablauf:
Alle drei Schneeflocken-Arten werden auf den Boden gelegt. Die Kinder finden sich in Paaren zusammen. Sie greifen ihr Tuch an den Ecken und spannen es zwischen sich auf. Alle Paare gehen mit ihren Tüchern durch den Raum und bewegen sie dabei mit Schwung auf und ab, sodass die Schneeflocken auf dem Boden in Bewegung kommen. So entsteht eine tolle Schneeverwehung!

Förderbereiche:
- Gehen / Laufen
- Koordination

In der Schneehöhle

Alter: ab 1 Jahr
Material: 2 kleine Kästen, 1 Turnmatte, 1 Kriechtunnel, 1 weißes Laken

Aufbau:
Die beiden kleinen Kästen werden mit einem Abstand von ca. 1 m nebeneinander aufgestellt. Dazwischen wird eine Turnmatte eingewölbt.
Der Kriechtunnel wird in den Mattentunnel gelegt, sodass auf der einen Seite der Eingang herausragt. Auf der anderen Seite wird das Laken über die Turnmatte gelegt und leicht zwischen Matte und Kasten eingeklemmt.

Bewegungsablauf:
Die Kinder kriechen durch den Eingang des Tunnels in die Schneehöhle hinein und kommen unter dem weißen Laken wieder hervor.

Förderbereiche:
- Krabbeln / Kriechen / Robben

Achtung, Lawine

Alter: ab 1 Jahr
Material: 1 LKW-Reifenschlauch, Weichbodenmatte, 4 Turnmatten

Aufbau:

Der LKW-Schlauch wird auf den Boden gelegt und
die Weichbodenmatte mit einem kurzen Ende so
daraufgelegt, dass noch ein Stück des Schlauchs
herausguckt. Am gegenüberliegenden Ende der
Matte werden die Turnmatten übereinandergesta-
pelt zur Absicherung ausgelegt.

Bewegungsablauf:

Die Kinder steigen oder krabbeln über den Reifen
auf die Weichbodenmatte und wälzen, kriechen
oder rutschen den Berg hinunter. Sie stellen eine
Lawine dar, die oben am Berg abbricht und bis ins
Tal hinunterrollt.

Förderbereiche:

- Steigen / Klettern
- Krabbeln / Kriechen / Robben
- Wälzen / Rollen

IN DER SCHNEEHÖHLE

ACHTUNG, LAWINE

Wer ist da im Schnee unterwegs?

Jetzt ist Schneemannzeit

Nr. 3

Text: C. Grüger / S. Janetzko / S. Weyhe – Musik: S. Janetzko

Refrain Schnee - flo - cken fal - len vom Him - mels - zelt.

Schnee - flo - cken be - de - cken die gan - ze Welt.

Kin - der, macht euch nun be - reit: Jetzt ist Schnee - mann - zeit – hur - ra! 1. Der

Schnee - mann muss auf fes - ten Fü - ßen stehn, doch

ei - ne Ku - gel reicht, denn er muss ja nicht gehn! Doch

ei - ne Ku - gel reicht, denn er muss ja nicht gehn!

Alter: ab 2 Jahren
Ausgangsposition: Die Kinder sitzen im Kreis.

Refrain:

Schneeflocken fallen vom Himmelszelt.
Schneeflocken bedecken die ganze Welt.   *im Sitzen mit den Fingern fallende Schneeflocken andeuten*
Kinder, macht euch nun bereit: *aufstehen und hinstellen*
Jetzt ist Schneemannzeit – hurra!   *„Hurra" rufen und dabei die Arme hochstrecken*

1. Der Schneemann muss auf festen Füßen stehn,
doch eine Kugel reicht, denn er muss ja nicht gehn! (2×)

mit den Händen über die Füße reiben

Refrain:
Schneeflocken fallen vom Himmelszelt …

2. Drum Kinder, rollt jetzt einen dicken Bauch,

mit den Händen über den Bauch strei-chen

auch Knöpfe kommen dran, oh ja, die braucht er auch! (2×)

mit dem Zeigefinger Punkte auf den Bauch als Knöpfe malen

Refrain:
Schneeflocken fallen vom Himmelszelt …

3. Ein großer Kopf, der steht dem Schneemann gut,
und obendrauf – genau, da sitzt der schwarze Hut. (2×)

mit den Händen den Kopf berühren
mit den Händen ein Dach auf dem Kopf bilden

Refrain:
Schneeflocken fallen vom Himmelszelt …

4. Auch Arme müssen an den Schneemann dran,

abwechselnd mit den Händen über die Arme streichen

damit er von früh bis spät den Besen halten kann. (2×)

Refrain:
Schneeflocken fallen vom Himmelszelt …

5. Aus Steinen formt ihr Augen und den Mund,

mit dem Zeigefinger auf die Augen und den Mund deuten

Karotte an die Nase, hey, das ist gesund! (2×)

über die Nase streichen und lächeln

Refrain:
Schneeflocken fallen vom Himmelszelt …

Schnee-Eule

Alter: ab 1,5 Jahren
Material: Ringpaar, 2 Turnmatten

Aufbau:
Die Ringe werden etwas über der Kopfhöhe der Kinder eingehängt und die Turnmatten darunter ausgelegt.

Bewegungsablauf:
Die Kinder halten sich mit den Händen an den Ringen fest und schwingen daran. So fliegen sie wie eine Schneeeule durch die Luft, indem sie beim leichten Hin- und Herschwingen die Beine anheben.

Förderbereiche:
- Hängen / Schwingen
- Kräftigung der Armmuskulatur

Spuren im Schnee

Alter: ab 1,5 Jahren
Material: 1 dicke Malerfolie / Baufolie, Styroporkugeln

Aufbau:
Die Folie wird ausgebreitet und die Styroporkugeln darauf verstreut.

Bewegungsablauf:
Die Kinder krabbeln oder gehen barfuß über die Styroporkugeln und hinterlassen Spuren.
Hinweis: Von Zeit zu Zeit sollte die Malerfolie etwas bewegt werden, damit die ersten Spuren wieder unsichtbar werden und neue Spuren gemacht werden können.

Förderbereiche:
- Krabbeln / Kriechen
- Gehen / Laufen
- Tastsinn (Fußsohlen)

Schneehase

Alter: ab 2,5 Jahren
Material: 1 Turnbank, 5 Fahrradmäntel,
4 Gymnastikseile

Aufbau:
Die Turnbank wird aufgestellt und die Fahrradmäntel werden an einem Ende auf den Boden gelegt. Die Seile werden im Zick-Zack-Muster hinter den Reifen auf dem Boden ausgelegt.

Bewegungsablauf:
Die Kinder steigen wie bei einer Hockwende über die Bank, hüpfen dann hakenschlagend von Fahrradmantel zu Fahrradmantel und weiter im Zick-Zack über die Seile. Welcher kleine Schneehase hoppelt am schnellsten davon?

Förderbereiche:
- Steigen / Klettern
- Hüpfen / Springen

Schneebälle rollen

Alter: ab 2 Jahren
Material: 3–5 Slalom-Hütchen, 1 kleiner Kasten, 5 unterschiedliche Bälle

Aufbau:
Die Slalom-Hütchen werden in einer Reihe mit etwa 1,5 m Abstand zueinander aufgestellt. Hinter das letzte Hütchen wird der umgedrehte kleine Kasten gestellt und am Anfang des Parcours werden die Bälle bereitgelegt.

Bewegungsablauf:
Die Kinder nehmen sich einen Ball ihrer Wahl und rollen diesen wie einen Schneeball mit der Hand im Slalom um die Hütchen. Am Ende angekommen legen sie ihn in den kleinen Kasten.

Förderbereiche:
- Gehen / Laufen
- Auge-Hand-Koordination

SCHNEEHASE

Auf zum Wintersport!

Lustige Schlittenfahrt

Alter: ab 2 Jahren
Material: 1 kleiner Kasten, großer Kasten,
1 Turnbank, 2–3 Turnmatten, 1 Teppichfliese

Aufbau:
Der kleine Kasten wird direkt neben den großen Kasten gestellt. Auf der anderen Seite des großen Kastens wird die Bank mit dem Holzhaken in das obere Kastenteil eingehängt oder aufgelegt und mit Turnmatten abgesichert. Die Teppichfliese wird auf den großen Kasten gelegt.

Bewegungsablauf:
Die Kinder steigen die Kastentreppe nach oben. Dort setzen sie sich im Reitersitz auf die umgedrehte Teppichfliese, die den Schlitten darstellt, auf die Bank und rodeln den Berg hinunter.
Hinweis: Die Spielleitung begleitet das Hinunterrutschen und hält die Kinder bei Bedarf an der Hüfte fest.

Förderbereiche:
- Steigen / Klettern
- Rutschen / Gleiten

Schneehügel rutschen

Alter: ab 1 Jahr
Material: 1 Turnbank, Weichbodenmatte,
2–4 Turnmatten

Aufbau:
Die Weichbodenmatte wird mittig über die Turnbank gelegt, sodass sie an den Seiten herunterhängt. Die Station wird mit den Matten gesichert.

Bewegungsablauf:
Die Kinder krabbeln, kriechen, gehen, rutschen oder wälzen sich über den Schneeberg. Sie turnen auf einer Seite den Schneehügel hinauf und auf der anderen Seite wieder hinunter.

Förderbereiche:
- Krabbeln / Kriechen / Robben
- Wälzen / Rollen
- Gehen / Laufen
- Rutschen / Gleiten

Bobfahren

Alter: ab 2,5 Jahren
Material: 2 Rollbretter, 1 Antirutschmatte,
1 Kastendeckel, 1 Seil

Aufbau:
Die beiden Rollbretter werden mit einem Abstand von ca. 50 cm nebeneinander aufgestellt. Darauf wird die Antirutschmatte und darauf der umgedrehte Kastendeckel gelegt. Das Seil wird an dem Kastendeckel festgebunden.

Bewegungsablauf:
Ein Kind setzt sich in den Bob und andere Kinder (oder die Spielleitung) ziehen oder schieben es durch den Raum.

Förderbereiche:
- Rutschen / Gleiten
- Gehen / Laufen

BOBFAHREN

Skispringen

Alter: ab 1,5 Jahren
Material: großer Kasten, 1 Turnbank, Weichbodenmatte, weiße Wattebällchen, 1 Turnmatte

Aufbau:
Die Turnbank wird an einer Querseite des großen Kastens mit dem Holzhaken im oberen Kastenteil eingehängt oder daraufgelegt. Auf der anderen Seite wird die Weichbodenmatte angelegt und die Wattebällchen darauf verteilt. Die Turnmatte wird unter die Bank gelegt.

Bewegungsablauf:
Die Kinder spielen SkispringerInnen: Sie gehen, krabbeln oder ziehen sich die Bank hoch und springen von der Kasten-Schanze aus mitten in den Schnee.

Förderbereiche:
- Robben / Krabbeln
- Gehen / Laufen
- Niederspringen

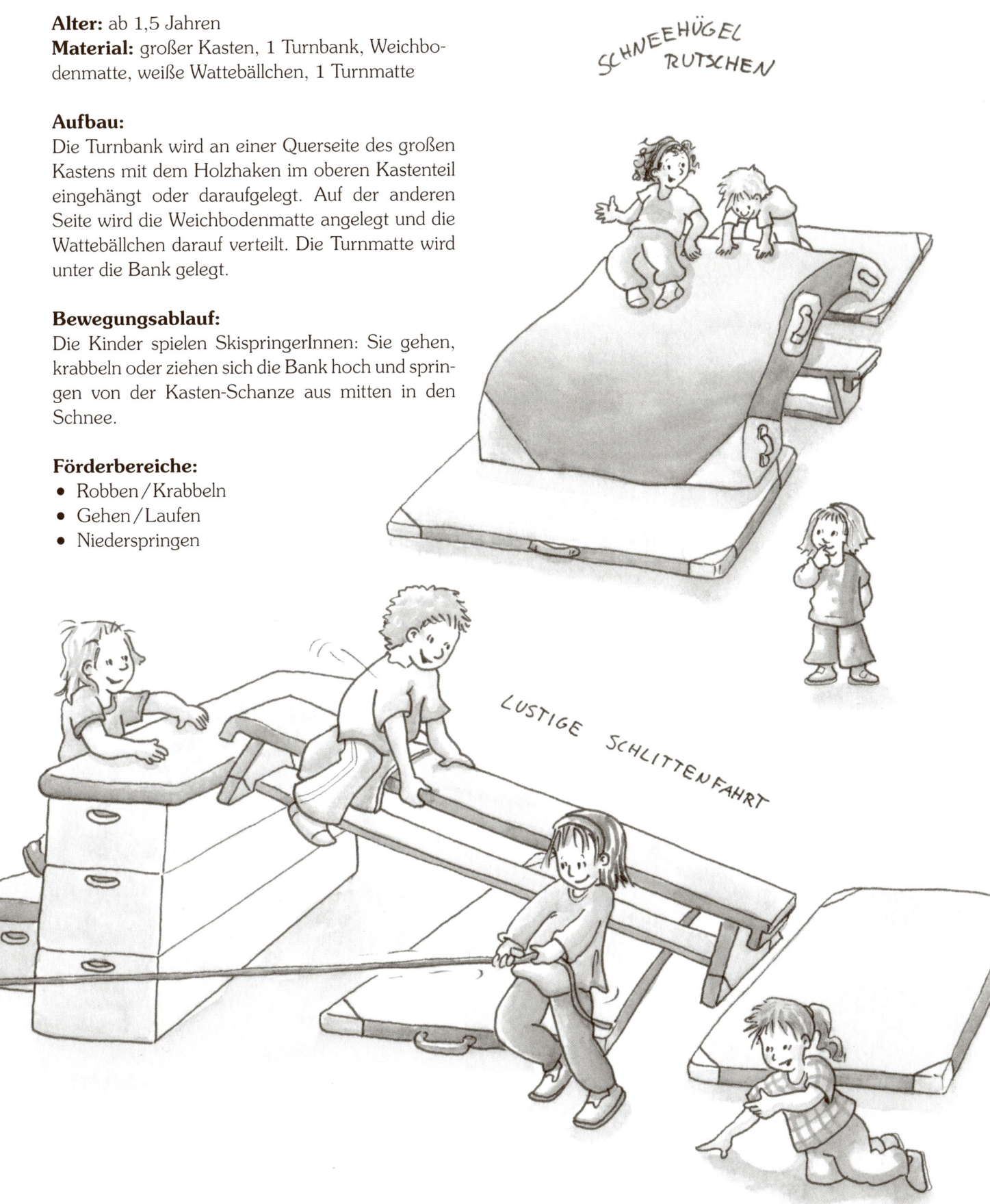

Wir feiern Karneval

Helau, helau, wir feiern jetzt Karneval!

Nr. 4

Text: C. Grüger / S. Janetzko / S. Weyhe – Musik: S. Janetzko

Refrain He - lau, he - lau, wir fei - ern jetzt Kar - ne - val! Mit

Tschin - de - ras - sa - bum, hier und ü - ber - all. He - all.

1. Al - le, al - le nun her - bei, die Prin - zes - sin

ist jetzt an der Reih'! Tanz und dreh dich ganz ge-schwind.

Tanz und dreh dich, lie - bes Kind. lie - bes Kind.

Alter: ab 2 Jahren

Refrain:
Helau, helau, wir feiern jetzt Karneval!
Mit Tschinderassabum, hier und überall. (2 ×) *alle gehen frei durch den Raum*

1. Alle, alle nun herbei, *alle Kinder stellen sich im Kreis auf*
die Prinzessin ist jetzt an der Reih'! *alle „Prinzessinnen" gehen in die Mitte*
Tanz und dreh dich ganz geschwind.
Tanz und dreh dich, liebes Kind. *im Kreis um sich selbst drehen*

Refrain:
Helau, helau, wir feiern jetzt Karneval …

2. Alle, alle nun herbei,
und der Clown, der ist jetzt an der Reih'!
Lach und zapple mit dem Bauch.
Lach und zapple, das ist Brauch!

*alle Kinder stellen sich im Kreis auf
alle „Clowns" gehen in die Mitte*

*lachen und sich den Bauch halten,
mit Körperteilen zappeln*

Refrain:
Helau, helau, wir feiern jetzt Karneval …

3. Alle, alle nun herbei,
denn die Käfer sind jetzt an der Reih'!
Flieg und flatter durch die Welt.
Flieg und flatter, wie's gefällt.

*alle Kinder stellen sich im Kreis auf
alle „Käfer" gehen in die Mitte*

die Arme wie Flügel auf- und abbewegen

Refrain:
Helau, helau, wir feiern jetzt Karneval …

4. Alle, alle nun herbei,
all die andern sind jetzt an der Reih'!
Ritter, Fee, Pirat und Maus:
Alle tanzen bunt durchs Haus.

*alle Kinder stellen sich im Kreis auf
alle anderen Kinder gehen in die Mitte*

frei im Kreis tanzen

Refrain:
Helau, helau, wir feiern jetzt Karneval …

Clowns

Alter: ab 1,5 Jahren
Material: 1 Turnbank, 6–8 Abflussrohre,
2 kleine Kästen, 1 bunter Hut

Aufbau:
Die Abflussrohre werden in der Länge der Bank in
einer Reihe auf den Boden gelegt. Darauf wird die
Bank mit der breiten Seite nach unten gelegt. An
den Bankenden wird jeweils ein kleiner Kasten mit
einem Abstand von ca. 30 cm aufgestellt, um die
rollende Bank zu stoppen.

Bewegungsablauf:
Die Kinder gehen über die breite Seite der Bank
und halten sich mit den Händen an der schmalen
Seite fest. Sie setzen sich dazu den Hut auf und bewegen sich so wackelig über den Baumstamm, wie
es ein Clown tun würde.

Förderbereiche:
- Gehen / Balancieren
- Klettern
- Gleichgewichtssinn

Artisten

Alter: ab 2 Jahren
Material: Ringpaar, 1 Abflussrohr, 1 Seil,
1 Turnmatte, 1 Tuch

Aufbau:
Zwischen den Ringen wird mithilfe eines Seils ein
Abflussrohr festgebunden. Das Ringpaar wird auf
Kniehöhe festgestellt und die Turnmatte darunter-
gelegt.

Bewegungsablauf:
Die Kinder stecken sich einen Zipfel des Tuchs hinten in den Hosenbund und setzen sich auf das Abflussrohr. Sie halten sich mit den Händen an den

Stricken des Ringpaares fest und schaukeln wie Artisten hin und her, sodass das Tuch hinter ihnen herweht.

Förderbereiche:
- Schwingen
- Gleichgewichtssinn

Cowboys und Indianer

Alter: ab 1 Jahr
Material: 2 Autoreifen, 1 Brett

Aufbau:
Das Brett wird so auf die beiden Autoreifen gelegt, dass die Brettenden auf den Reifen aufliegen.

Bewegungsablauf:
Die Kinder verwandeln sich in Indianer oder Cowboys: Sie sitzen, hocken, knien oder krabbeln auf dem Brett, das den Pferderücken darstellt, und wippen hin und her.

Variante für ältere Kinder
Die Kinder stellen sich auf den Pferderücken und reiten im Stehen oder Gehen.

Förderbereiche:
- Krabbeln / Kriechen
- Sitzen / Stehen / Gehen / Balancieren
- Gleichgewichtssinn

Piraten auf Schatzsuche

Alter: ab 2,5 Jahren
Material: 8 Stühle, Wolle, 1 Laken, Wäscheklammern, bunte Steine oder Kugeln

Aufbau:
Die Stühle werden als Gasse aufgestellt, sodass die Stuhllehnen zur Mitte zeigen. In der Gasse wird die Wolle von Stuhl zu Stuhl gespannt. Am Ende der Gasse wird das Laken mit Wäscheklammern an die letzte Schnur geheftet. Darunter werden die Steine oder Kugeln ausgelegt.

Bewegungsablauf:
Die Piraten-Kinder krabbeln, kriechen, gehen oder steigen über die Spinnweben der Schatzhöhle und holen sich am Ende einen Diamanten aus der Höhle.

Förderbereiche:
- Krabbeln / Kriechen / Robben
- Gehen / Balancieren
- Steigen / Klettern
- Gleichgewichtssinn

ARTISTEN

PIRATEN AUF SCHATZSUCHE

Auf in den Zirkus!

Zirkusmanege

Alter: ab 1 Jahr
Material: 8 Stühle

Aufbau:
Die Stühle werden kreisförmig aufgestellt, sodass die Stuhllehnen nach außen zeigen.

Bewegungsablauf:
Die Kinder turnen durch die Manege und überwinden die Stühle ganz unterschiedlich: Sie krabbeln z. B. unter den Stühlen hindurch, steigen über die Stühle, gehen von Stuhlfläche zu Stuhlfläche oder um die Stühle herum usw.

Förderbereiche:
- Krabbeln / Kriechen / Robben
- Rutschen / Gleiten
- Steigen / Klettern
- Gehen / Balancieren

SeiltänzerInnen

Alter: ab 2 Jahren
Material: 1 Tau, 1 Regenschirm

Aufbau:
Das Tau wird in leichten Wellen auf den Boden und der Regenschirm geöffnet an ein Tauende gelegt.

Bewegungsablauf:
Die Kinder verwandeln sich in SeilartistInnen und balancieren mit ausgestreckten Armen über das Tau. Dabei halten sie den Regenschirm zum Ausbalancieren ihres Gleichgewichts aufgespannt in einer Hand.

Förderbereiche:
- Gehen / Balancieren
- Gleichgewichtssinn

Löwendressur

Alter: ab 1,5 Jahren
Material: großer Kasten, Weichbodenmatte, 2 kleine Kästen, 1 Gymnastikreifen

Aufbau:
Der große Kasten wird aufgestellt und auf einer Seite die Weichbodenmatte angelegt. Auf der anderen Seite wird ein kleiner Kasten quer auf die Seite gelegt mit der Öffnung zum großen Kasten und der Gymnastikreifen dazwischen eingeklemmt. Vor den kleinen Kasten wird ein zweiter kleiner Kasten normal aufgestellt, sodass zwei Treppenstufen vor dem großen Kasten entstehen.

Bewegungsablauf:
Die Kinder spielen kleine Löwen, die über die Kästen durch den Reifen steigen und dann mit einem großen Sprung und lautem Löwengebrüll vom hohen Podest auf die Matte springen.

Förderbereiche:
- Steigen / Klettern
- Niederspringen

Zirkusorchester

Alter: ab 1,5 Jahren
Material: Noppenfolie, Zeitungsblätter, Schraubdeckel, Rasseln, Glöckchen, Dosen, Tamburin; evtl. weitere Geräusche-Materialien

Aufbau:
Alle Materialien werden im Kreis ausgelegt.

Bewegungsablauf:
Jedes Kind setzt sich zu einem Material seiner Wahl und bewegt es mit den Händen oder mit den Füßen. Es entsteht ein Geräusche-Wirrwarr wie bei einer Orchesterprobe. Da die MusikerInnen mehrere Instrumente spielen können, tauschen die Kinder ihre Plätze und probieren auch noch andere Materialien aus.
Nach dieser gemeinsamen Probe werden die Instrumente einzeln gestimmt. Dazu spielen alle Kinder nacheinander ein kleines Solo, sodass alle die Instrumente einzeln hören können.

Förderbereiche:
- auditive Wahrnehmung
- Auge-Hand-Koordination
- Tastsinn

LÖWENDRESSUR

Im Zoo

Im Zoo, da geht es munter zu

⊙ Nr. 5

Text: C. Grüger / S. Janetzko – Musik: S. Janetzko

Refrain Im Zoo, da geht es mun-ter zu, die Tie-re ge-ben nie-mals Ruh.

Al-le Tie-re, groß und klein, wol-len heu-te bei uns sein.

1. Schaut den Af-fen euch mal an, wie der Af-fe klet-tern kann.

Krault sich ger-ne Pelz und Fell, ein-mal lang-sam und dann schnell.

Alter: ab 2,5 Jahren
Ausgangsposition: Die Kinder stellen sich in Handfassung im Kreis auf.

Refrain:

Im Zoo, da geht es munter zu,
die Tiere geben niemals Ruh.   *in die Kreismitte gehen*
Alle Tiere, groß und klein,
wollen heute bei uns sein.   *rückwärts aus dem Kreis gehen*

1. Schaut den Affen euch mal an,   *die Arme abwechselnd hochstrecken und*
wie der Affe klettern kann.   *Greifbewegungen mit den Händen machen*
Krault sich gerne Pelz und Fell,   *mit den Händen über den Körper streichen,*
einmal langsam und dann schnell.   *erst langsam, dann schnell*

Refrain:

Im Zoo, da geht es munter zu …

2. Schaut den Pinguin euch an,
lustig, wie der watscheln kann.
Mit den Flügeln auf und ab,
ja, so hält er sich auf Trab.

*auf dem Platz die Füße abwechselnd leicht anheben,
dabei die Arme dicht an den Körper legen
mit den Armen Flügelbewegungen machen, sodass
die Hände an den Körper patschen*

Refrain:
Im Zoo, da geht es munter zu …

3. Schaut das Zebra euch mal an,
wie es galoppieren kann.
Es trabt gerne durch das Gras,
daran hat es richtig Spaß.

auf dem Platz die Knie abwechselnd hochziehen

auf der Kreisbahn laufen

Refrain:
Im Zoo, da geht es munter zu …

4. Seht den Löwen euch mal an,
wie sein Maul er öffnen kann.
Mit den Tatzen, Mannomann,
schaut nur, wie er kratzen kann!

*die Hände trichterförmig an den weit
geöffneten Mund legen
Hände mit gespreizten Fingern vor dem Körper
durch die Luft ziehen*

Refrain:
Im Zoo, da geht es munter zu …

5. Schaut das Faultier euch mal an,
wie es sich entspannen kann.
Hebt ganz selten mal den Arm,
aber das geht nur ganz lahm.

den Oberkörper leicht hängen lassen

nacheinander langsam die Arme heben

Refrain:
Im Zoo, da geht es munter zu …

Känguru, hüpf!

Alter: ab 2 Jahren
Material: Minitrampolin; evtl. 1 Tuch,
1 Kuscheltier

Das Kind spielt ein Känguru und hüpft auf dem
Minitrampolin auf und ab.

Variante für ältere Kinder
Die Kinder stecken sich eine Seite des Tuchs vorne
in den Hosenbund und halten die beiden freien

Tuchenden mit den Händen. In das Tuch legen sie
ihr Kuscheltier und hüpfen so als Kängurumutter
mit dem Kind im Beutel auf und ab.

Hinweis: Das Hüpfen auf dem Minitrampolin er-
fordert immer Hilfestellung durch die Spielleitung!
Diese hält das Kind bei Bedarf am Oberarm fest.

Förderbereiche:
- Hüpfen / Springen
- Kräftigung der Beinmuskulatur
- Gleichgewichtssinn

Giraffen-Mahlzeit

Alter: ab 1,5 Jahren
Material: Sprossenwand, einige grüne Tücher oder Kreppbänder, 1 Turnmatte

Aufbau:
Die Tücher werden lose um die oberen Sprossen der Sprossenwand geschlungen. Die Turnmatte wird unter die Sprossenwand gelegt.

Bewegungsablauf:
Die Kinder spielen Giraffen, die gerne an die grünen saftigen Blätter ganz oben am Baum kommen möchten. Sie klettern die Sprossenwand hinauf und ziehen an einem Tuch, sodass dieses zu Boden fällt. Dann klettern sie die Sprossenwand wieder nach unten.

Förderbereiche:
• Steigen / Klettern

Seehund-Wasserball

Alter: ab 2 Jahren
Material: 1 Stuhl pro Kind, 1 dicke Malerfolie, 1–4 Wasserbälle

Aufbau:
Es wird ein Stuhlkreis aufgebaut und die Malerfolie in der Kreismitte ausgelegt. Die Wasserbälle werden aufgeblasen und in die Mitte der Folie gelegt.

Bewegungsablauf:
Die Kinder setzen sich auf die Stühle und halten mit den Händen die Malerfolie. Sie spielen Seehunde, die mit ihren Flossen-Füßen die Bälle unter der Folie anstoßen. Wenn alle Wasserbälle aus dem Becken gefallen sind, werden sie eingesammelt und das Spiel beginnt von vorn.

Förderbereiche:
• Reaktionsvermögen
• Koordination / Orientierungsfähigkeit
• Beweglichkeit

Affenschaukel

Alter: ab 1 Jahr
Material: Ringpaar, Hängematte; evtl. 2 Gymnastikseile

Aufbau:
In das Ringpaar wird die Hängematte eingehängt. Falls diese keine Karabinerhaken o. Ä. hat, wird sie mithilfe von zwei Gymnastikseilen an die Holzringe geknotet. Dabei sollte die Hängematte bei Belastung nur kurz über dem Boden schweben.

Bewegungsablauf:
Die Kinder steigen in die Affenschaukel und legen sich hin. Die Spielleitung schwingt die Affenschaukel leicht an.

Förderbereiche:
• Steigen / Klettern
• Schaukeln / Schwingen

Der Frühling kommt

WOCHE 10

Krokusse erblühen

Alter: ab 1,5 Jahren
Material: Sprossenwand, 2 kleine Kästen,
1 Turnmatte, 3 Seile, 1 Körbchen, mehrere bunte
(Jonglier-)Tücher

Aufbau:

Die beiden kleinen Kästen werden direkt an die
Sprossenwand gestellt mit einem Abstand von ca.
50 cm zueinander. Eine Turnmatte wird hochkant
so auf die Kästen gestellt, dass sie sich nach außen
wölbt. Mithilfe zweier Seile wird die Matte an der
Sprossenwand befestigt. Oberhalb der Matte wird
das Körbchen an der Sprossenwand mit dem dritten Seil angebunden. Unten neben den Kästen liegen bunte Jongliertücher bereit.

Bewegungsablauf:

Die Kinder nehmen sich ein Tuch, kriechen damit
von unten durch den Mattentunnel und steigen die
Sprossenwand nach oben, als wären sie selbst ein
Krokus, der durch die Erde bricht und seine Blüten-
blätter zeigt. Oben angekommen legen sie ihr Tuch
als Blüte in das Körbchen und klettern die Sprossenwand seitlich neben der Matte wieder hinunter.

Förderbereiche:
* Krabbeln / Kriechen / Robben
* Steigen / Klettern

Der Sonne entgegen

Alter: ab 1,5 Jahren
Material: 6–8 Stühle, 2 Turnmatten oder
Decken, großer Kasten, Weichbodenmatte,
1 kleiner Kasten

Aufbau:

Aus den Stühlen wird eine Gasse aufgebaut mit
den Sitzflächen zueinander. Darauf werden die
Turnmatten gelegt, sodass darunter ein Tunnel ent-

steht. Auf einer Seite der Stuhlreihe wird mit ca.
50 cm Abstand quer dazu der kleine vor dem großen Kasten aufgestellt und auf die andere Kastenseite kommt die Weichbodenmatte.

Bewegungsablauf:

Wie ein Samenkorn durch die Erde kriechen die
Kinder durch den Mattentunnel und steigen als fertig gewachsener Löwenzahn auf die Kastentreppe.
Der Wind pustet den Löwenzahn an: Die Kinder
springen als Löwenzahnsamen vom Kasten herunter und segeln auf die Weichbodenmatte.

Förderbereiche:
* Krabbeln / Kriechen / Robben
* Steigen / Klettern
* Niederspringen

KROKUSSE ERBLÜHEN

Frühlingsblume

Alter: ab 2,5 Jahren
Material: 1 Tau, 6–8 Gymnastikreifen

Aufbau:

Das Tau wird als großräumige Spirale auf den Boden und die Gymnastikreifen darum herum gelegt.

Bewegungsablauf:

Die Kinder spielen kleine Bienen, die auf einer Blume landen. Sie gehen dazu ausgehend vom Mittelpunkt der Tauspirale, dem Blütenkelch, auf dem Seil immer weiter nach außen. Am Ende des Seils springen sie von Reifen zu Reifen, als würden sie von Blütenblatt zu Blütenblatt fliegen. Zum Schluss fliegen sie mit dem gesammelten Nektar davon, indem sie durch den Raum laufen.

Förderbereiche:

- Gehen / Balancieren
- Hüpfen / Springen
- Laufen

Bienenkinder

Alter: ab 2,5 Jahren
Material: Fallschirm oder Schwungtuch

Aufbau:

Der Fallschirm wird ausgebreitet auf den Boden gelegt.

Bewegungsablauf:

Alle Kinder setzen sich um den Blüten-Fallschirm herum und spielen Bienenkinder. Wenn die Spielleitung zwei Namen ruft, laufen diese Kinder einmal um die Blüte herum und setzen sich wieder auf ihren Platz. Wie schnell fliegen die Bienenkinder um die Blüte?

Förderbereiche:

- Gehen / Laufen

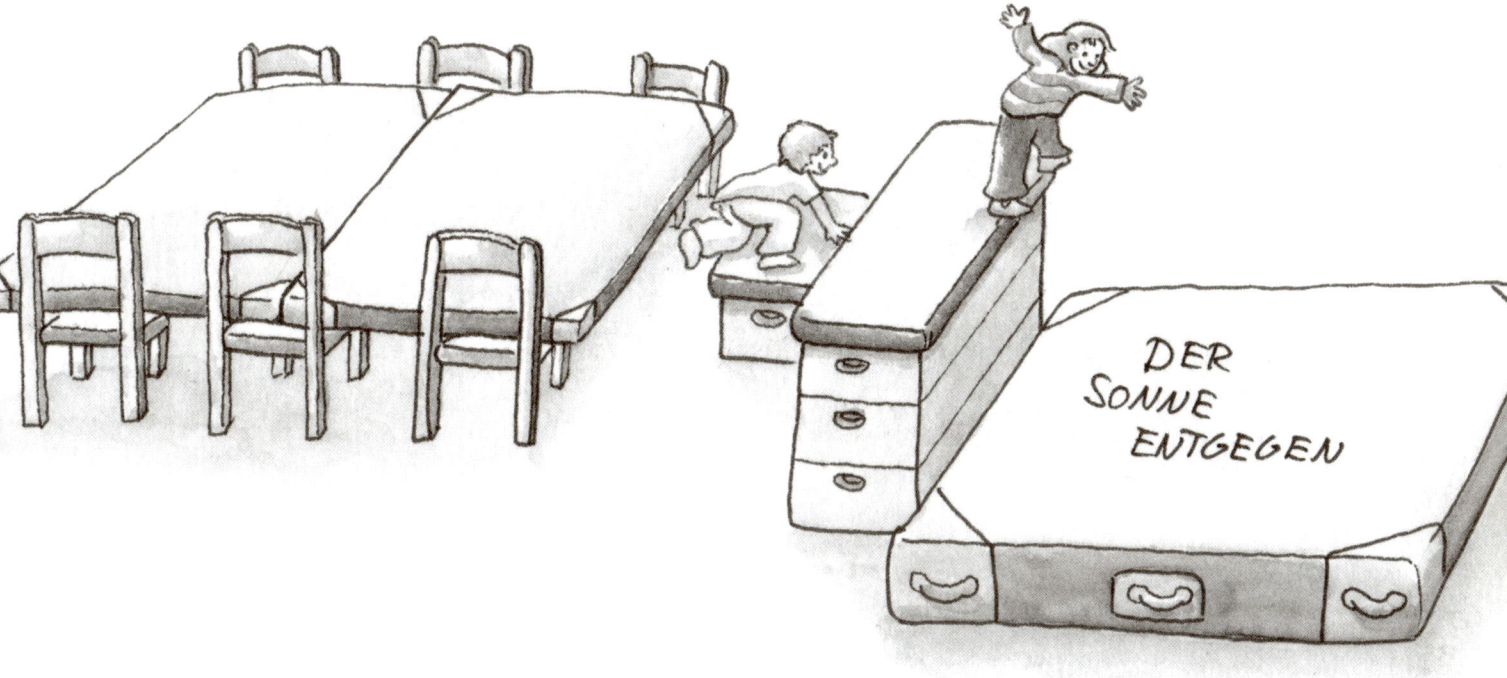

 # Tiere im Frühling

Igel-Erwachen

Alter: ab 1 Jahr
Material: 2 Schaumstoffklötze, mehrere Kissen, 1 Decke, 1 Triangel

Aufbau:

Die beiden Schaumstoffklötze werden mit ca. 1 m Abstand voneinander aufgestellt. In den Zwischenraum werden die Kissen gelegt. Auf die Schaumstoffklötze und über die Kissen wird die Decke gelegt und mit den Enden unter die Klötze geschoben, sodass die Decke leicht gespannt ist.

Bewegungsablauf:

Die Kinder liegen als kleine Igel schlafend in der Höhle. Lässt die Spielleitung die Triangel mehrfach erklingen, erwachen sie, recken und strecken sich und kriechen oder robben nacheinander aus der Höhle heraus.

Förderbereiche:

- Krabbeln / Kriechen / Robben

Bei Familie Regenwurm

Alter: ab 1 Jahr
Material: 2 Kasteninnenteile, Kriechtunnel

Aufbau:

Die Kasteninnenteile werden zur Hälfte versetzt quer voreinander gestellt. Der Kriechtunnel wird wie ein liegendes „U" durch die Kasteninnenteile gelegt.

Bewegungsablauf:

Die Kinder spielen Regenwürmer, die durch das Erdreich ziehen, indem sie durch den Tunnel kriechen.

Förderbereiche:

- Krabbeln / Kriechen / Robben

MEISEN-NESTBAU

ÜBER DEN AMEISENHÜGEL

Meisennestbau

Alter: ab 2 Jahren
Material: Ringpaar, 1 Turnmatte, einige kleine Äste, 1 Körbchen

Aufbau:
Das Ringpaar wird etwas oberhalb der Kopfhöhe der Kinder befestigt und darunter die Turnmatte gelegt. In ca. 2 m Abstand werden die kleinen Äste auf dem Boden verstreut und das Körbchen wird weitere 5 m entfernt aufgestellt.

Bewegungsablauf:
Die Kinder schwingen als kleine Meisen an dem Ringpaar hin und her. Sie landen auf der Turnmatte und fliegen mit ausgebreiteten Armen bis zu den Ästen. Dort nehmen sie einen davon auf und bringen ihn zum Körbchen. So entsteht nach und nach ein fertiges Meisennest.

Förderbereiche:
- Schaukeln / Schwingen
- Kräftigung der Armmuskulatur
- Gehen / Laufen

Über den Ameisenhügel

Alter: ab 2 Jahren
Material: ca. 6 lange Teppichröhren, Weichbodenmatte, mehrere kleine Bälle

Aufbau:
Die Teppichröhren werden nebeneinander entsprechend der Breite der Weichbodenmatte auf den Boden gelegt und die Matte wird darüber gebreitet. Die kleinen Bälle liegen an einem Ende der Weichbodenmatte.

Bewegungsablauf:
Die Kinder krabbeln auf allen Vieren wie Ameisen über den wackligen Matten-Hügel. Am Ende angekommen nehmen sie sich einen Ball. Sie krabbeln seitlich zu einer Röhre, legen sich mit dem Bauch auf die Weichbodenmatte und rollen das Ameisenfutter durch die Teppichrolle in den Ameisenhügel.

Förderbereiche:
- Krabbeln / Kriechen
- Stützen
- Auge-Hand-Koordination

Wie klingt der Specht?

Alter: ab 2 Jahren
Material: Sprossenwand, großer Kasten, 1 Turnmatte, Tamburin mit Schlegel, Kordel

Aufbau:
Der große Kasten wird längs in Verlängerung der Sprossenwand aufgestellt. Vor die Sprossenwand wird die Turnmatte gelegt. An eine der oberen Sprossen werden mithilfe der Kordel das Tamburin und der Schlegel festgebunden.

Bewegungsablauf:
Die Kinder steigen in den Eingriffslöchern des Kastens den Baumstamm hinauf, stellen sich auf den Kasten und klopfen wie ein Specht mit dem Schlegel auf das Tamburin. Danach klettern sie die Sprossenwand hinunter oder springen vom Kasten auf die Turnmatte.

Förderbereiche:
- Steigen / Klettern
- Niederspringen

Zum Kuckuck!

Alter: ab 2,5 Jahren
Material: 1 Tau, 6 Teppichröhren, 1 Sechser-Eierkarton, 6 Plastikeier

Aufbau:
Das Tau wird in Schlangenlinien auf den Boden gelegt. Die Teppichröhren werden mit etwas Abstand zueinander neben dem Tau aufgestellt, auf jeder Seite drei. Der Eierkarton wird mit den Plastikeiern gefüllt und am Anfang des Taus aufgestellt.

Bewegungsablauf:
Die Kinder nehmen sich als Kuckuck ein Plastikei aus dem Eierkarton und balancieren damit über das Tau. Sie stecken das Ei in ein beliebiges freies Rohr, das das Nest eines anderen Vogels darstellt, und rufen dazu laut: *„Kuckuck!"* Sie balancieren weiter bis zum Ende des Taus.

Förderbereiche:
- Gehen / Balancieren
- Auge-Hand-Koordination
- Gleichgewichtssinn

Adler auf Beutezug

Alter: ab 2,5 Jahren
Material: mehrere Bohnensäckchen, 1 Gymnastikreifen, 1 Rollbrett

Aufbau:
Die Bohnensäckchen werden im Raum auf dem Boden verteilt. Der Reifen wird neben dem Rollbrett bereitgelegt.

Bewegungsablauf:
Ein Kind legt sich als Adler mit ausgebreiteten Flügeln bäuchlings auf das Rollbrett und zwei andere Kinder schieben es am Rücken an. So segelt der Adler bis zu seiner Beute, einem Bohnensäckchen. Er schnappt sich die Beute und die anderen Kinder schieben ihn zum Reifen, dem Adlernest, wo er die Beute ablegt. Dann tauschen die Kinder ihre Rollen.

Förderbereiche:
- Rutschen / Gleiten
- Kräftigung der Muskulatur in Rücken, Gesäß und Armen
- Auge-Hand-Koordination

Flieg, kleiner Spatz

Alter: ab 1 Jahr
Material: Ringpaar, 2 Gymnastikseile, 1 Turn-matte, 2 Tücher

Aufbau:

Die beiden Seile werden unter dem Ringpaar längs nebeneinander auf den Boden gelegt und darauf wird die Turnmatte gelegt. Die Seilenden eines Seils werden jeweils an einem Ring befestigt, so-dass sich die Matte zu einer Schaukel wölbt. Die Mattenschaukel wird so weit hochgezogen, dass sie ca. 50 cm über dem Boden schwebt.

Bewegungsablauf:

Die Kinder klettern in die Mattenschaukel und le-gen sich auf den Bauch. Mit jeder Hand halten sie ein Tuch fest und lassen ihre Arme aus der Matte heraushängen. Die Spielleitung schaukelt die Mat-te leicht an: Nun kann der Spatz seine ersten Flug-versuche unternehmen, wobei die Kinder Flügelbe-wegungen mit den Armen machen.

Förderbereiche:

- Steigen / Klettern
- Schaukeln / Schwingen
- Kräftigung des Schultergürtels

Ei, Ei, Ei: Osterzeit

All die kleinen Häschen

Text: C. Grüger / S. Janetzko – Musik: S. Janetzko

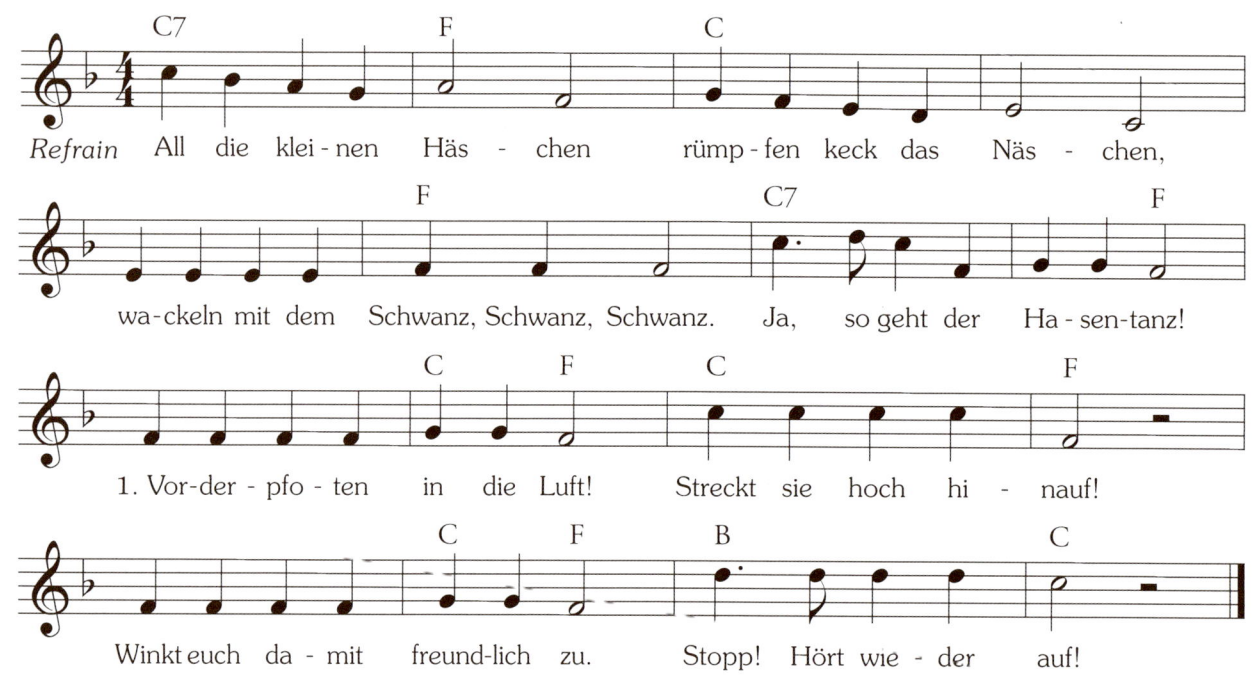

Refrain: All die klei-nen Häs-chen rümp-fen keck das Näs-chen, wa-ckeln mit dem Schwanz, Schwanz, Schwanz. Ja, so geht der Ha-sen-tanz!

1. Vor-der-pfo-ten in die Luft! Streckt sie hoch hi-nauf! Winkt euch da-mit freund-lich zu. Stopp! Hört wie-der auf!

Alter: ab 2 Jahren
Ausgangsposition: Die Kinder stellen sich im Kreis auf.

Refrain:

All die kleinen Häschen — *auf sich zeigen*
rümpfen keck das Näschen, — *an die Nase tippen*
wackeln mit dem Schwanz, Schwanz, Schwanz. — *mit dem Po wackeln*
Ja, so geht der Hasentanz!

1. Vorderpfoten in die Luft!
Streckt sie hoch hinauf! — *die Arme abwechselnd hochstrecken*
Winkt euch damit freundlich zu. — *mit den Händen winken*
Stopp! Hört wieder auf! — *ruhig stehen bleiben*

Refrain:

All die kleinen Häschen …

2. Ohren sind jetzt aufgestellt, — *mit den Händen am Hinterkopf*
Häschen, ihr habt's drauf! — *Hasenohren andeuten*
Dreht sie vor und dann zurück! — *mit den Händen wackeln*
Stopp! Hört wieder auf! — *ruhig stehen bleiben*

Refrain:
All die kleinen Häschen …

3. Hinterpfoten sind jetzt dran,
Füße stampfen auf!
Fangt ganz laut zu trommeln an!
Stopp! Hört wieder auf!

mit den Füßen stampfen
schneller mit den Füßen stampfen
ruhig stehen bleiben

Refrain:
All die kleinen Häschen …

4. Alle Häschen sind schön schlapp,
hört nur das Geschnauf!
Kriecht in euren Bau hinein,
denn der Tanz hört auf!

Oberkörper leicht hängen lassen
tief ein- und ausatmen
sich ganz klein machen

Osterhasen-Fitness

Alter: ab 1 Jahr
Material: 1 Turnbank, 2 Turnmatten

Aufbau:
Die Turnbank wird mit der breiten Seite auf den Boden gestellt und die Turnmatten werden mittig darauf gelegt.

Bewegungsablauf:
Die Kinder spielen kleine Osterhasen, die nach langer Winterzeit aus ihrem Hasenbau hervorkommen. Um wieder fit zu werden fürs Eierverstecken, überwinden sie den Hasenhügel, indem sie von der Seite über die Matten krabbeln, kriechen, robben, sich wälzen, gehen oder steigen.

Förderbereiche:
- Krabbeln / Kriechen / Robben
- Purzeln / Wälzen
- Gehen / Balancieren
- Steigen / Klettern

Das Riesenei

Alter: ab 2 Jahren
Material: 1 LKW-Schlauch, 1 Pezziball

Aufbau:
Der Pezziball wird in den Schlauch gesetzt, sodass der Ball fest umschlossen ist.

Bewegungsablauf:
Die Kinder stellen sich auf den LKW-Schlauch und halten sich mit den Händen an dem Pezziball-Riesenei fest. Sie können so kleine oder große Hasensprünge auf dem Schlauch machen.

Förderbereiche:
- Hüpfen / Springen
- Gleichgewichtssinn

DAS RIESENEI

OSTERHASEN - FITNESS

Osterhasen-Werkstatt

Alter: ab 1,5 Jahren
Material: großer Kasten, 1 Turnbank, 1 langes Teppichrohr, 1 Gymnastikseil, 1 kleiner Kasten, 2 Turnmatten, mehrere Plastikeier

Aufbau:
Die Bank wird mit einer Seite in das obere Teil des großen Kastens an der schmalen Seite eingehängt oder aufgelegt. Seitlich am Kasten wird das lange Teppichrohr mit dem Seil festgebunden, sodass es senkrecht nach oben steht. Das untere Ende des Rohrs wird in einen umgedrehten kleinen Kasten geführt.
Am Ende der beiden Schmalseiten des großen Kastens wird jeweils eine Turnmatte ausgelegt. Die Plastikeier werden neben der Bank auf den Boden gelegt.

Bewegungsablauf:
Die Kinder spielen Osterhasen, die in der Werkstatt ihre Eier bemalen. Dazu nehmen sie sich ein Plastikei und gehen damit die Bank nach oben auf den Kasten. Dort stecken sie das Ei in die Röhre, sodass es in den Farbtopf fallen kann. Jetzt springen die Osterhasen-Kinder am anderen Ende des Kastens auf die Matte hinunter.

Förderbereiche:
* Gehen / Balancieren
* Auge-Hand-Koordination
* Niederspringen

Eier verstecken

Alter: ab 2 Jahren
Material: Ringpaar, 1 Regenschirm ohne Metallspitze mit Henkelgriff (Kinderregenschirm), Zeitungspapier

Aufbau:
Der geöffnete Regenschirm wird mit dem Griff in einen der Ringe gehängt. Die Ringe werden so weit hochgezogen, dass die Schirmspitze etwa auf Brusthöhe der Kinder hängt. Aus dem Zeitungspapier werden mehrere Bälle geknüllt und um den Schirm herum auf dem Boden verteilt.

Bewegungsablauf:
Die Kinder nehmen sich die Zeitungsball-Ostereier und werfen sie in den geöffneten Regenschirm. So verstecken die kleinen Osterhasen geschickt ihre Eier.

Förderbereiche:
* Werfen / Zielwurf

OSTERHASEN-WERKSTATT

Auf zum Jahrmarkt!

IN DER GEISTERBAHN

In der Geisterbahn

Alter: ab 2,5 Jahren
Material: 8 Stühle, Zauberschnur, mehrere bunte Tücher, mehrere Wäscheklammern, 1 Decke

Aufbau:
Die Stühle werden zu einer Gasse von ca. 1 m Breite mit der Stuhllehne nach innen aufgestellt. Die Zauberschnur wird mehrfach zwischen den Stuhllehnen hin und her gespannt. Daran werden die Tücher mithilfe der Wäscheklammern so befestigt, dass sie in die Gasse hineinhängen. Die Decke wird über die Schnur gelegt, sodass die aufgehängten Tücher verdeckt sind.

Bewegungsablauf:
Die Kinder krabbeln, kriechen oder rutschen auf dem Rücken durch die Geisterbahn. Wer weiß, vielleicht können sie andere kleine Geister „Buh" rufen hören?

Variante für jüngere Kinder
Kinder ab 1 Jahr krabbeln auf allen Vieren durch die Geisterbahn.

Förderbereiche:
- Krabbeln / Kriechen / Robben
- Rutschen / Gleiten

Kettenkarussell

Alter: ab 1,5 Jahren
Material: Ringpaar, 2 Turnmatten

Aufbau:
Das Ringpaar wird auf Kniehöhe der Kinder eingestellt und die Turnmatten werden darunter gelegt.

Bewegungsablauf:
Die Kinder steigen mithilfe der Spielleitung mit den Beinen in die Ringe und halten sich an den Stricken der Schaukelringe fest. Die Spielleitung schwingt die Kinder leicht an.

Förderbereiche:
- Schaukeln / Schwingen

Wurfbude

Alter: ab 2,5 Jahren
Material: großer Kasten, 4 Papprollen (am besten Kartoffelchips-Verpackung), 5 Tennisbälle

Aufbau:
Die Papprollen werden hochkant mit etwas Abstand zueinander auf den großen Kasten gestellt und die Tennisbälle in geringem Abstand vom Kasten auf dem Boden bereitgelegt.

Bewegungsablauf:
Die Kinder wollen an der Wurfbude ihr Glück versuchen. Sie nehmen sich die Bälle und werfen die Papprollen herunter. Wie viele Würfe braucht jeder, um alle Dosen abzuwerfen?

Förderbereiche:
- Werfen / Zielwurf

Schiffschaukel

Alter: ab 1,5 Jahren
Material: 1 Kasteninnenteil, 1 Turnmatte, 1 Turnbank, 2 Isomatten

Aufbau:
Das Kasteninnenteil wird auf den Boden gelegt und die Turnmatte darüber gebreitet. Die Bank wird mittig mit der breiten Seite auf die Turnmatte gelegt, sodass eine Wippe entsteht. Die beiden Isomatten werden unter die Bankenden gelegt.

Bewegungsablauf:
Die Kinder gehen auf der breiten Seite über die Bank und halten sich dabei mit den Händen an der schmalen Seite fest. Wenn sie in der Mitte der Schiffschaukel angekommen sind, kippt diese langsam auf die andere Seite und die Kinder balancieren bis zum Ende der Bank weiter.

Varianten
- **Ältere Kinder** balancieren mithilfe der Spielleitung auf der schmalen Seite der Bank.
- Die Kinder wippen zu zweit auf der Schiffschaukel hin und her.

Förderbereiche:
- Gehen / Balancieren
- Gleichgewichtssinn
- Schwingen

Schmetterling und Frosch

Roll-Raupe

Alter: ab 1,5 Jahren
Material: 4 Turnmatten, Kastendeckel, 1 großes Tuch

Aufbau:
Die erste Matte wird über den Kastendeckel gelegt. Die anderen Matten werden dahinter in einer Reihe angelegt.

Bewegungsablauf:
Ein Kind wickelt sich in das Tuch ein. Die Spielleitung und die anderen Kinder helfen der kleinen Raupe dabei. Dann rollt sich die eingesponnene Raupe den Mattenberg hinab. Welche Raupe kann sich am Ende entpuppen und zum Schmetterling entfalten?
Hinweis: Die folgende Station lässt sich sehr gut direkt anschließen.

Förderbereiche:
- Purzeln / Wälzen / Rollen (Längsachse)
- Raum-Lage-Sinn

Schmetterling, flieg!

Alter: ab 1,5 Jahren
Material: 1 Holzstab pro Kind, Schleifenband, Heißkleber oder Tacker, klassische Musik oder Bewegungsmusik

Aufbau:
An jedem Holzstab wird ein ca. 30 cm langes Schleifenband mit Heißkleber oder Tacker befestigt.

Bewegungsablauf:
Jedes Kind wird zum Schmetterling, indem es einen Schleifenstab in die Hand nimmt und zum Rhythmus der Musik durch den Raum läuft. Die Bänder flattern dabei wie bunte Flügel hinter ihnen her.

Förderbereiche:
- Gehen / Laufen
- Rhythmusgefühl
- Koordination

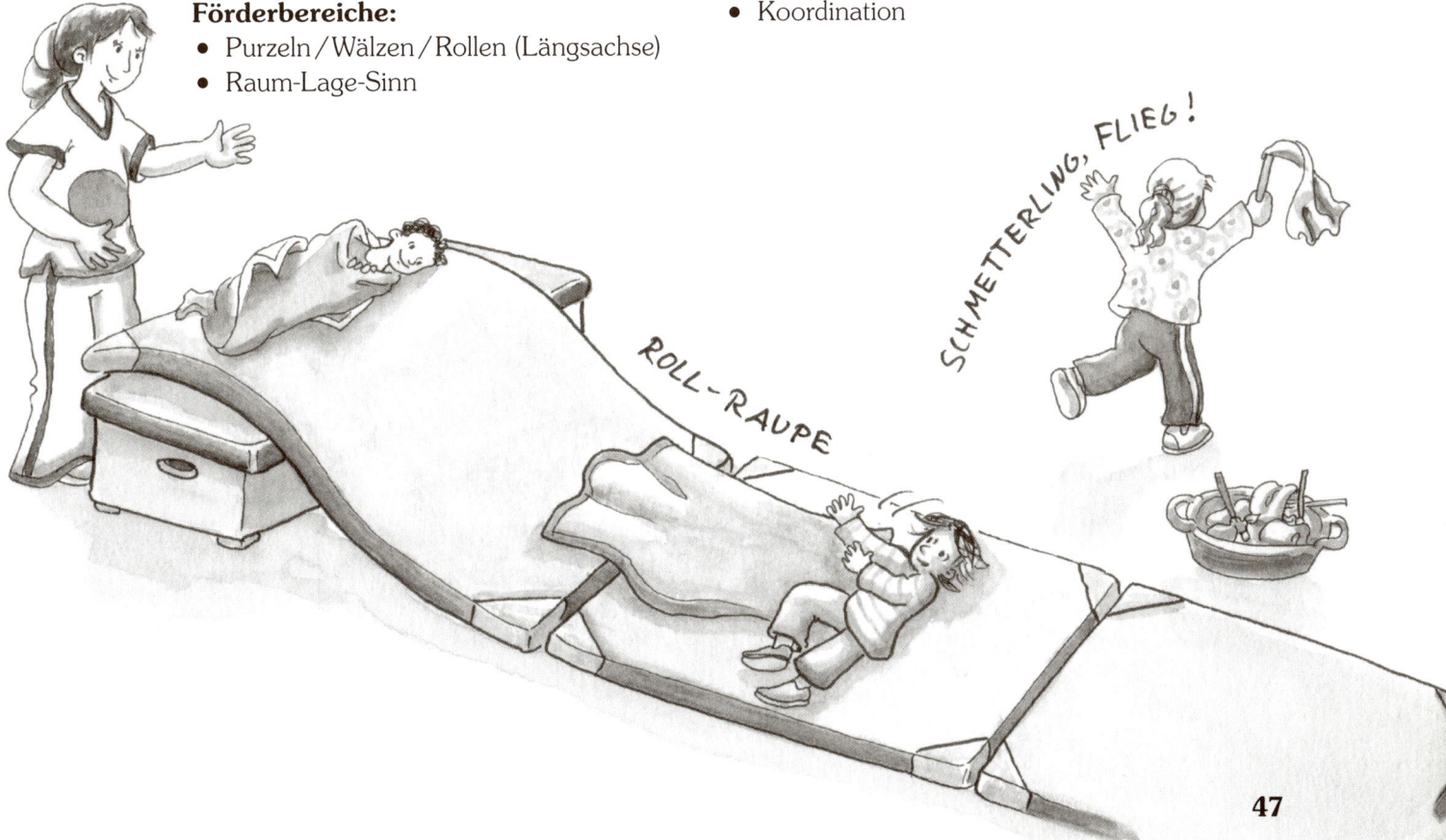

ROLL-RAUPE

SCHMETTERLING, FLIEG!

Kaulquappe

Alter: ab 2 Jahren
Material: 1 Turnbank, 1 Turnmatte

Aufbau:
Hinter der Turnbank wird die Matte ausgelegt.

Bewegungsablauf:
Die Kinder ziehen sich auf dem Bauch über die Turnbank. In der Mitte der Bank halten sie an und führen Schwimmbewegungen mit den Armen aus. Am Ende der Bank lassen sie sich auf die Matte fallen und hüpfen als Frosch verwandelt davon.
Hinweis: Die folgende Station lässt sich sehr gut direkt anschließen.

Förderbereiche:
- Robben / Gleiten
- Kräftigung der Armmuskulatur
- Koordination

Frosch

Alter: ab 2,5 Jahren
Material: mehrere Gymnastikreifen

Aufbau:
Die Reifen werden im Raum mit einigem Abstand voneinander verteilt ausgelegt.

Bewegungsablauf:
Die Kinder springen wie Frösche in die ausgelegten Reifen-Teiche hinein. Der Boden zwischen den Reifen wird durch Froschhüpfer bis zum nächsten Teich überwunden.

Variante für ältere Kinder
Die Reifen liegen in einer langen Reihe hintereinander. Um hier von Teich zu Teich zu hüpfen, brauchen die Kinder noch mehr Konzentration und Kraft.

Förderbereiche:
- Hüpfen / Springen
- Kondition

Auto, Bus und LKW

Das Verkehrslied

Nr. 7

Text: C. Grüger / S. Janetzko – Musik: S. Janetzko

Refrain Schaut mal her, schaut mal her, was ist das, bit-te sehr? Heu-te
ist auf uns-rer Stra-ße rich-tig viel Ver-kehr. Schaut mal rich-tig viel Ver-
kehr. 1. Die Au-tos fah-ren mit viel Schwung, mit viel Schwung, mit viel Schwung
um die Kur-ven mit Ge-brumm, mit Ge-brumm, mit Ge-brumm.

Alter: ab 2 Jahren
Material: 1 Gymnastikreifen
Ausgangsposition: Die Kinder stellen sich im Kreis auf.

Refrain:
Schaut mal her, schaut mal her,
was ist das, bitte sehr?
Heute ist auf unsrer Straße
richtig viel Verkehr. (2×)

1. Die Autos fahren mit viel Schwung,
mit viel Schwung, mit viel Schwung
um die Kurven mit Gebrumm,
mit Gebrumm, mit Gebrumm.

Refrain:
Schaut mal her, schaut mal her …

eine Hand an die Stirn halten und Ausschau halten

in Schlangenlinien auf der Kreisbahn laufen

2. Die Busse fahren dieses Mal,
dieses Mal, dieses Mal
gemütlich über Berg und Tal,
Berg und Tal, Berg und Tal.

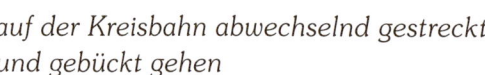

*auf der Kreisbahn abwechselnd gestreckt
und gebückt gehen*

Refrain:
Schaut mal her, schaut mal her …

3. Die Laster tuckern in der Geraden,
in der Geraden, in der Geraden
langsam und ganz schwer beladen,
schwer beladen, schwer beladen.

*auf der Kreisbahn langsam und
mit schweren Schritten gehen*

Refrain:
Schaut mal her, schaut mal her …

4. Die Züge bringen uns ans Ziel,
uns ans Ziel, uns ans Ziel,
durch Tunnel rauschen sie sehr viel,
sie sehr viel, sie sehr viel.

*die Kinder gehen auf der Kreisbahn und steigen
an einer Stelle gebückt durch den von
der Spielleitung hingehaltenen Tunnel-Reifen*

Refrain:
Schaut mal her, schaut mal her …

5. Das Fahrrad fährt mit großer Lust,
großer Lust, großer Lust,
wir strampeln einfach mit dem Fuß,
mit dem Fuß, mit dem Fuß.

auf den Po setzen und mit den Beinen strampeln

Refrain:
Schaut mal her, schaut mal her … (2×)

Rutschauto

Alter: ab 1 Jahr
Material: 3 Slalom-Hütchen, 1 Rutschauto

Aufbau:
Die Hütchen werden in einer Reihe mit ca. 2 m Abstand zueinander aufgestellt. Das Rutschauto wird an den Anfang der Reihe gestellt.

Bewegungsablauf:
Die Kinder spielen AutofahrerInnen, die an einem Training teilnehmen, und lernen Hindernissen auszuweichen. Sie fahren mit dem Rutschauto um die Hütchen herum und wieder zurück. Wer schafft die Strecke unfallfrei ohne Zusammenstoß mit den Hindernissen?

Förderbereiche:
- Rutschen / Gleiten
- Kräftigung der Beinmuskulatur
- Koordination / Orientierungsfähigkeit

Auf dem LKW

Alter: ab 2,5 Jahren
Material: 1 Rollbrett, 1 Antirutschmatte, 1 kleiner Kasten, 1 Gymnastikseil, 1 Gymnastikreifen, kleine Alltagsmaterialien (z. B. Schwämme, Bohnensäckchen, Tennisbälle usw.)

Aufbau:
Die Antirutschmatte wird auf das Rollbrett gelegt und der kleine Kasten umgedreht darauf gesetzt. Rechts davon wird mit ca. 2 m Abstand das Seil als Zielmarkierung ausgelegt und links davon werden mit dem gleichen Abstand zum Rollbrett die Kleinmaterialien in dem Reifen auf den Boden gelegt.

Bewegungsablauf:
Die Kinder spielen LKW-FahrerInnen und schieben den LKW zu den Materialien. Dort laden sie ein paar Gegenstände in den kleinen Kasten, schieben ihn bis zum Seil und laden dort die Gegenstände wieder aus. Sie schieben den Wagen wieder in die Mitte und parken dort, bevor der nächste Fahrer kommt.
Liegen nach ein paar Runden alle Materialien hinter der Ziellinie, fahren die nächsten Kinder den umgekehrten Weg und nehmen die Ladung hinter dem Seil auf, um sie im Reifen abzuladen.

Förderbereiche:
• Gehen
• Koordination / Orientierungsfähigkeit

Busfahrt

Alter: ab 1,5 Jahren
Material: 3 Rollbretter, 1 Turnbank

Aufbau:
Die drei Rollbretter werden entsprechend der Länge der Turnbank nebeneinander auf den Boden gestellt. Die Turnbank wird mit der breiten Seite nach unten darauf gestellt, sodass sich an den Bankenden und in der Bankmitte jeweils ein Rollbrett befindet.

Bewegungsablauf:
Die Kinder setzen sich im Reitersitz als Fahrgäste auf die Bank und die Spielleitung schiebt sie als BusfahrerIn durch den Raum.

Förderbereiche:
• Gleiten
• Gleichgewichtssinn

Abschleppwagen

Alter: ab 1 Jahr
Material: 2 Schuhkartons, Schere, Schnur, mehrere Spielzeugautos, 1 Gymnastikreifen

Aufbau:
In die Kartons wird jeweils ein kleines Loch am schmalen Seitenrand gestoßen, sodass sie mit einer Schnur aneinandergebunden werden können. In einen der beiden Kartons wird ein zweites Loch an der gegenüberliegenden schmalen Seite gestoßen und daran eine lange Schnur zum Ziehen befestigt.
Die Spielzeugautos werden im Raum verteilt und der Reifen wird an einer Seite des Raums abgelegt.

Bewegungsablauf:
Die Kinder ziehen ihren Abschleppwagen an der Schnur durch den Raum. Sie legen in jeden Karton ein Auto, schleppen alle zur Werkstatt, dem Reifen, und laden die Autos dort wieder aus.

Förderbereiche:
• Gehen
• Koordination / Orientierungsfähigkeit

BUSFAHRT

Auf der Straße

An der Kreuzung

Alter: ab 2 Jahren
Material: 2 Gymnastikseile in verschiedenen Farben

Aufbau:
Die Gymnastikseile werden über Kreuz auf den Boden gelegt.

Bewegungsablauf:
Die Kinder balancieren auf den Gymnastikseilen. Sie gehen das eine Seil entlang, drehen um, gehen bis zur Kreuzung und wechseln auf das andere Seil. Gehen zwei Kinder gleichzeitig über die Seile, müssen sie abbiegen, um sich auszuweichen. Wer bekommt Vorfahrt, wer wartet?

Förderbereiche:
- Gehen / Balancieren
- Orientierungsfähigkeit

Bodenwellen

Alter: ab 1 Jahr
Material: 2 Kasteninnenteile, 2 Isomatten, 2 Turnmatten

Aufbau:
Die Kasteninnenteile werden mit einem Abstand von ca. 1 m auf den Boden gelegt. Dazwischen und neben einem Kastenteil werden die Isomatten auf den Boden gelegt. Mit den Turnmatten werden die Kasteninnenteile abgedeckt, sodass die Matten gewölbt herunterhängen.

Bewegungsablauf:
Die Kinder spielen Fahrzeuge, die auf einer unebenen Straße fahren. Sie starten an der Kastenseite ohne Matte davor und überwinden die Bodenwellen, indem sie darüber krabbeln, kriechen, sich wälzen oder gehen.

Förderbereiche:
- Krabbeln / Kriechen / Robben
- Wälzen
- Gehen / Balancieren

Über den Zebrastreifen

Alter: ab 2,5 Jahren
Material: 12 Teppichfliesen, viele Bierdeckel (mind. 1 pro Kind) in Grün und Rot

Aufbau:
Jeweils vier Teppichfliesen werden in einer Reihe aneinandergelegt, sodass drei Reihen mit einem Abstand von ca. 50 cm zueinander entstehen. Auf einer Seite davon werden die Bierdeckel verdeckt ausgelegt.

Bewegungsablauf:
Die Kinder decken nacheinander jeweils einen Bierdeckel auf: Zeigt dieser Rot, bleiben alle Kinder vor dem Zebrastreifen stehen. Ist es ein grüner Deckel, dürfen sie den Zebrastreifen gemeinsam überqueren.

Förderbereiche:
- Gehen / Laufen
- Reaktionsvermögen
- Farbwahrnehmung

Durch den Tunnel

Alter: ab 1 Jahr
Material: großer Kasten, 1 kleiner Kasten,
3 Turnmatten, Kriechtunnel

Aufbau:

Der große Kasten wird längs zur Wand in einer
Raumecke aufgestellt, sodass er zu jeder Wand ca.
80 cm Abstand hat. Der kleine Kasten wird an den
großen Kasten angestellt. Eine Turnmatte wird von
der einen Wand schräg an die Querseite des großen Kastens angelehnt und die beiden anderen
Matten werden zwischen der anderen Wand und
den Kästen eingewölbt. Der Kriechtunnel wird an
die erste eingewölbte Matte angelegt.

Bewegungsablauf:

Die Kinder kriechen, robben oder rutschen durch
den Kriechtunnel, weiter durch den Mattentunnel
und krabbeln um die Ecke, bevor sie unter dem
letzten schrägen Matten-Tunneldach wieder hervorkommen.

Förderbereiche:

- Krabbeln / Kriechen / Robben
- Beweglichkeit
- Kräftigung des Schultergürtels und der Rücken-
  muskulatur

Auf der Baustelle

Rohrleitung

Alter: ab 1 Jahr
Material: unterschiedlich dicke Rohre, Kriechtunnel, verschiedene Bälle, Körbe, Sprossenwand, 1 kleiner Kasten

Aufbau:
Die Rohre und der Kriechtunnel werden überall im Raum ausgelegt. Die Körbe werden mit den großen und kleinen Bällen gefüllt und ebenfalls im Raum verteilt. Ein kurzes Rohr wird an der Sprossenwand festgebunden und das untere Ende in einen kleinen umgedrehten Kasten geführt.

Bewegungsablauf:
Die Kinder gehen durch den Raum und nehmen sich einen Ball aus einem der Körbe. Sie rollen die Bälle durch die unterschiedlichen Rohrleitungen hindurch. An der Sprossenwand klettern sie hinauf und lassen den Ball durch das festgebundene Rohr in den kleinen Kasten fallen.

Variante für ältere Kinder
Die Kinder schießen die Bälle mit den Füßen durch die Rohre.

Förderbereiche:
- Gehen
- Auge-Hand-Koordination
- Klettern/Steigen
- Ballgefühl

Absperrband

Alter: ab 1 Jahr
Material: rot-weißes Absperrband

Aufbau:
Das Absperrband wird in verschiedenen Höhen durch den ganzen Raum gespannt und an vielen verschiedenen Punkten des Raums befestigt.

Bewegungsablauf:
Die Kinder gehen durch den Raum und steigen dabei über die Bänder, krabbeln darunter her oder rollen sich darunter durch.

Variante für ältere Kinder
Die Kinder dürfen die Bänder beim Hinübersteigen oder darunter Herkrabbeln nicht berühren.

Förderbereiche:
- Gehen/Steigen
- Robben/Krabbeln/Kriechen
- Beweglichkeit und Kräftigung der Muskulatur
- Raum-Lage-Sinn

Abriss

Alter: ab 2 Jahren
Material: Ringpaar, viele (Bananen-)Kartons, 4 Turnmatten

Aufbau:
Die Ringe werden auf Schulterhöhe der Kinder eingestellt. Die Kartons werden in ca. 1 m Abstand dazu aufgestapelt. Unter den Ringen werden die Matten bis zum Kartonstapel hin ausgelegt.

Bewegungsablauf:
Die Kinder schwingen wie eine Abrissbirne an den Ringen und stoßen die Karton-Hauswand mit den Füßen um. Die Kinder stapeln die Kartons wieder auf und der Nächste ist an der Reihe.
Hinweis: Die Spielleitung achtet darauf, dass die Kinder aktiv Schwingen! Sie spannen dazu die Muskulatur des ganzen Körpers an und stoßen sich selbst mit den Füßen vom Boden ab.

Förderbereiche:
- Kräftigung der Arm- und Beinmuskulatur
- Schwingen/Schaukeln
- Koordination
- Gleichgewichtssinn

Baugerüst

Alter: ab 2 Jahren
Material: Sprossenwand, 1 Turnbank, Turnleiter,
3 Turnmatten, viele Putzschwämme, 1 Korb,
1 Seil

Aufbau:
Die Turnbank und die Leiter werden eng nebeneinander auf gleicher mittlerer Höhe in die Sprossenwand eingehängt. Darüber wird ein Körbchen
mit Schwämmen mit einem Seil aufgehängt. Vor
der Sprossenwand wird der Boden mit Matten gesichert.

Bewegungsablauf:
Die Kinder klettern auf der Leiter das Baugerüst hinauf, nehmen einen Ziegelstein-Schwamm in die
Hand und rutschen damit die Turnbank wieder hinab. Auf dem Boden stapelt jedes Kind seine gesammelten Ziegelsteine.

Förderbereiche:
- Klettern / Steigen
- Rutschen / Gleiten
- Gleichgewichtssinn
- Koordination

Fleißige Handwerker

Dachdecker

Alter: ab 1,5 Jahren
Material: 1 Turnbank, Sprossenwand, 1 kleiner Kasten, großer zweiteiliger Kasten, 2 Turnmatten

Aufbau:
Die Turnbank wird mit einem Ende auf mittlerer Höhe in die Sprossenwand eingehängt und das andere Ende auf den großen zweiteiligen Kasten gelegt. Der kleine Kasten wird auf der anderen Seite vor dem großen Kasten platziert und die Matten unter der schwebenden Bank ausgelegt.

Bewegungsablauf:
Die Kinder steigen auf den kleinen Kasten und weiter auf den großen Kasten. Sie krabbeln von dort aus über die schräge Bank, das Dach, zur Sprossenwand als Dachfirst hinauf. Dann klettern sie die Sprossenwand hinunter und beginnen von vorn.

Förderbereiche:
- Krabbeln / Kriechen
- Klettern / Steigen
- Gleichgewichtssinn

Maurer

Alter: ab 2 Jahren
Material: viele verschiedene Kartons

Aufbau:
Die Kartons liegen durcheinander auf einer Raumseite bereit.

Bewegungsablauf:
Die Kinder bauen gemeinsam eine frei stehende Mauer auf der anderen Raumseite. Jedes Kind darf pro Weg nur einen Karton, einen Mauerstein, zur anderen Seite mitnehmen. Schaffen es die kleinen MaurermeisterInnen, alle Steine zu verbauen, bevor die Mauer einstürzt?

Förderbereiche:
- Gehen / Laufen
- Kondition
- Auge-Hand-Koordination
- Geschicklichkeit

GÄRTNER

Gärtner

Alter: ab 1,5 Jahren
Material: große Joghurtbecher (oder Kaffeedosen), viele Slalom-Hütchen, Bobbycar, Chiffontücher

Aufbau:
Auf der einen Seite des Raums werden die Joghurtbecher auf dem Boden verteilt. In der Mitte des Raums werden viele Slalom-Hütchen aufgestellt. Auf der anderen Raumseite liegen Chiffontücher neben dem Startpunkt des Bobbycars bereit.

Bewegungsablauf:
Die Kinder nehmen ein Tuch, eine Blume, auf und fahren um die Hütchen herum zur anderen Seite. Dort pflanzen sie die Blume in einen Becher ein.

Variante für jüngere Kinder
Die Tücher sind an der Startlinie in die Becher gesteckt. Die Kinder bringen die Blume mit dem Bobbycar zur Blumenwiese.

Förderbereiche:
- Kräftigung der Beinmuskulatur
- Rutschen / Gleiten
- Auge-Hand-Koordination
- Feinmotorik der Finger

Fliesenleger

Alter: ab 2,5 Jahren
Material: 4 Fahrradmäntel (oder Seile), 1 Turnbank, viele kleine Teppichfliesen, Kreide

Aufbau:
Die Fahrradmäntel werden überlappend nebeneinander auf den Boden gelegt und die umgedrehte Turnbank wird darauf gestellt.
Hinweis: Die Fahrradmäntel machen die Turnbank wackeliger. Alternativ können auch Springseile unter die Bank gelegt werden.

Bewegungsablauf:
Die Kinder spielen Fliesenleger: Sie nehmen eine (Teppich-)Fliese auf und balancieren auf der breiten Fläche der Turnbank zum anderen Ende, während sie sich mit einer Hand an der schmalen Seite der Bank festhalten können. Dort legen sie die Fliese ab und kehren auf dem gleichen Weg zum Ausgangspunkt zurück.

Förderbereiche:
- Gehen / Balancieren
- Gleichgewichtssinn
- Koordination

Kommt mit zum Bauernhof!

Auf dem Misthaufen

Alter: ab 1,5 Jahren
Material: Weichbodenmatte, Treckerschlauch, mind. 4 Turnmatten, Pezziball (oder viele kleine Softbälle), 1 Tennisball

Aufbau:
Der Treckerschlauch wird auf den Weichboden gelegt. Dort hinein werden der Pezziball oder viele kleine Softbälle gelegt. Um den Weichboden herum werden Turnmatten ausgelegt, die den Weichboden an einigen Stellen überlappen.

Bewegungsablauf:
Die Kinder legen sich auf den Weichboden, den Misthaufen, und erforschen ihn robbend, krabbelnd oder wälzend. Auch der wacklige Treckerschlauch soll überwunden werden.
Die Kinder erhalten an einer Stelle auf dem Misthaufen von der Spielleitung mit einem Tennisball eine kurze Rückenmassage.

Förderbereiche:
- Robben / Krabbeln / Kriechen
- Purzeln / Wälzen
- Raum-Lage-Sinn
- Stimulation der Rückenmuskulatur

Ferkel treiben

Alter: ab 1 Jahr
Material: 3 große Kastenteile, Schaumstoffbälle; evtl. Zeitungspapier

Aufbau:
Die Kastenteile werden als Gatter mit etwas Abstand hintereinander quer auf den Boden gestellt und die Bälle bereitgelegt.

Bewegungsablauf:
Die Kinder spielen Schweinehirten und treiben die Bälle, die kleinen Ferkel, mit den Händen durch die Gatter hindurch.

Variante für ältere Kinder
Die Zeitungen werden zu Stöcken zusammengedreht. Jedes Kind erhält einen Stock und treibt die Ferkel damit im Laufschritt durch die Gatter hindurch.

Förderbereiche:
- Gehen / Laufen
- Auge-Hand-Koordination
- Geschicklichkeit

Gi-Ga-Gänsemarsch

Alter: ab 2,5 Jahren
Material: mind. 8 Slalom-Hütchen, mind. 8 Seile, Tamburin

Aufbau:
Die Slalom-Hütchen werden in zwei langen Reihen in der Mitte des Raums aufgestellt. An den Raumseiten werden parallel zu den beiden Reihen Springseile in zwei langen Linien ausgelegt.

Bewegungsablauf:
Die Kinder gehen hintereinander im Gänsemarsch durch die Hütchengasse. Am Ende der Gasse gehen sie entweder rechts oder links herum zu den ausgelegten Seilen und balancieren darauf zum Ausgangspunkt zurück.
Die Spielleitung schlägt dazu das Tamburin und unterstützt so den Gehrhythmus der Kinder.

Varianten

- Die Kinder gehen zu zweit mit Handfassung im Gänsemarsch und trennen sich am Ende der Gasse, um an der Seite allein zurückzubalancieren.
- **Ältere Kinder** führen die Bewegungen auch rückwärts und seitwärts aus.

Förderbereiche:

- Gehen / Balancieren
- Rhythmusgefühl
- Orientierungsfähigkeit

Im Hühnerstall

Alter: ab 2,5 Jahren
Material: 1 Turnbank, 2 kleine Kästen, 1 Turnmatte, viele Plastikeier, 1 Körbchen, 1 Schüssel

Aufbau:

Die Turnbank wird umgedreht auf zwei kleine Kästen gelegt und mit Matten abgesichert. An einem Ende der Bank wird ein Körbchen mit Eiern aufgestellt, auf der anderen Seite die leere Schüssel.

Bewegungsablauf:

Die Kinder nehmen ein Ei aus dem Korb im Hühnerstall und tragen es über die Hühnerleiter hinaus. Dazu balancieren sie auf der breiten Seite der Bank und halten sich mit einer Hand an dem schmalen Balken der Bank fest. Auf der anderen Seite angekommen legen sie das Ei in die Schüssel.

Variante

Die Kinder sitzen auf der Bank wie die „Hühner auf der Stange" und balancieren ihren Körper aus.

Förderbereiche:

- Gehen / Balancieren
- Koordination
- Gleichgewichtssinn

59

Auf dem Ponyhof

Das kleine Pony Tilly

⊙ Nr. 8

Text: C. Grüger / S. Janetzko / S. Weyhe – Musik: S. Janetzko

Refrain Das klei - ne Po - ny Til - ly steht ruhig auf sei - nem Stroh, erst scharrt es mit den Hu - fen, und dann macht es so: 1. Das klei - ne Po - ny Til - ly, das geht nun Schritt für Schritt, das macht ihm so viel Freu - de, es nimmt al - le Kin - der mit.

Alter: ab 2 Jahren
Ausgangsposition: Die Kinder stehen im Raum verteilt; ein Kind spielt das Pony Tilly.

Refrain:
Das kleine Pony Tilly
steht ruhig auf seinem Stroh,
erst scharrt es mit den Hufen,   *mit den Füßen scharren*
und dann macht es so: *„Tilly" fordert alle Kinder zum Mitmachen auf*

1. Das kleine Pony Tilly,   *die Kinder machen Schritte durch den*
das geht nun Schritt für Schritt,   *Raum hinter dem Pony Tilly her*
das macht ihm so viel Freude,
es nimmt alle Kinder mit.

Refrain:
Das kleine Pony Tilly …

60

2. Das kleine Pony Tilly
trabt übers weite Feld,
das macht ihm so viel Freude,
so wie es auch uns gefällt.

Refrain:
Das kleine Pony Tilly …

3. Das kleine Pony Tilly,
das rast jetzt im Galopp,
das macht ihm so viel Freude,
kommt jetzt, Kinder, hopp, hopp, hopp.

Refrain:
Das kleine Pony Tilly ...

4. Das kleine Pony Tilly
springt über Stock und Stein,
das macht ihm so viel Freude,
auch wir Kinder finden's fein.
Schlaf gut!

durch den Raum traben

durch den Raum galoppieren

kleine Sprünge machen

*am Ende legen sich alle auf den Boden, ruhen sich aus
und machen Schnarchgeräusche*

Stall ausmisten

Alter: ab 1,5 Jahren
Material: 1 Karton pro Kind, viele Wattebällchen, 1 Gymnastikreifen

Aufbau:
Die Kartons werden an einer Raumseite nebeneinander aufgestellt und die Wattebällchen darum herum verteilt. Auf der gegenüberliegenden Seite des Raums wird der Reifen bereitgelegt.

Bewegungsablauf:
Die Kinder legen die Wattebällchen-Pferdeäpfel in die Kartons: Sie misten den Stall aus! Sind alle Wattebällchen in den Kisten, schieben sie den Mist zur anderen Raumseite bis zum Reifen. Dort kippen sie alle Pferdeäpfel auf den Misthaufen.

Förderbereiche:
• Auge-Hand-Koordination
• Kriechen / Gehen

Heu stapeln

Alter: ab 1 Jahr
Material: 1 Turnbank, 2 kleine Kästen, 1 Turnmatte, dicke Putzschwämme

Aufbau:
Die Turnbank wird mit einer Seite auf einen kleinen Kasten aufgelegt. Der andere Kasten steht mit 1 m Abstand dahinter, dazwischen liegt eine Matte und die Schwämme werden vor der Bank bereitgelegt.

Bewegungsablauf:
Die Kinder schieben einen Putzschwamm-Heuballen das Förderband hinauf, indem sie über die Bank nach oben krabbeln. Sie klettern über den kleinen Kasten auf den Boden und stapeln die Ballen auf dem zweiten kleinen Kasten zu einem schönen Heustapel.

Förderbereiche:
• Krabbeln / Kriechen
• Balancieren
• Auge-Hand-Koordination

Springturnier

Alter: ab 2 Jahren
Material: 2 kleine Kästen, verschiedene Kartons, Schaumstoffblöcke, Seile, Gymnastikstäbe, Tamburin

Aufbau:
Aus den Materialien werden überall im Raum verschiedene Hürden aufgebaut, z. B.: Über zwei kleine Kästen wird ein Seil gelegt, ein Stab wird auf zwei Schuhkartons gelegt und die Schaumstoffblöcke werden zum Hinüberspringen auf dem Boden platziert.

Bewegungsablauf:
Die Kinder laufen zum Rhythmus des Tamburins wie Pferde um alle Hürden und Hindernisse herum. Danach überwinden sie die Hürden im eigenen Geh- oder Laufrhythmus.

Förderbereiche:
* Steigen
* Hüpfen / Springen
* Kondition
* Orientierungsfähigkeit
* Rhythmusgefühl

Voltigieren

Alter: ab 2 Jahren
Material: großer Kasten, 1 kleiner Kasten, 4 Turnmatten, Putzschwämme

Aufbau:
Der kleine Kasten wird an die Längsseite des großen Kastens als Aufstiegshilfe gestellt. Die Matten werden auf dem Boden darum herum verteilt. Durch das Trageloch auf der einen Seite des Kastendeckels wird ein Springseil als Zügel gebunden und die Enden auf den Deckel gelegt.

Bewegungsablauf:
Die Kinder klettern über den kleinen Kasten auf den großen Kasten wie auf ein Pferd. Auf dem Rücken des Pferdes machen die Kinder verschiedene Voltigierkunststücke: In den Stand aufrichten, im Grätschsitz auf dem Pferd sitzen, eine Sitz- oder Kniewaage oder sie legen sich auf den Rücken des Pferdes. Die Zügel nehmen sie dabei in die Hände.
Zum Schluss bürsten alle Kinder das Pferd mit den Putzschwämmen ab.

Förderbereiche:
* Klettern / Steigen
* Gleichgewichtssinn
* Grobmotorik

Unser Dorfteich

Über den Steg

Alter: ab 1,5 Jahren
Material: Sprossenwand, 1 Turnbank, 1 kleiner Kasten, 3 Turnmatten, Weichbodenmatte

Aufbau:
Die Turnbank wird mit einer Seite auf einer der unteren Sprossen in die Sprossenleiter eingehängt und mit der anderen Seite auf den kleinen Kasten gelegt, sodass die Bank eine Gerade bildet. Unter der Bank werden Matten ausgelegt und hinter dem kleinen Kasten wird der Weichboden platziert.

Bewegungsablauf:
Die Kinder klettern über die Sprossenleiter auf die Turnbank, die als Steg zum Teich führt. Sie balancieren über die Bank bis zum Kasten und springen am Ende des Stegs ins Wasser.

Variante
Die Kinder krabbeln über den Steg oder ziehen sich bäuchlings darüber.

Förderbereiche:
* Klettern
* Gehen / Balancieren
* Niederspringen
* evtl. Krabbeln / Kriechen

Entenfütterung

Alter: ab 1,5 Jahren
Material: großer zweiteiliger Kasten, 2 kleine Kästen, 1 Turnmatte, mehrere Plastikenten, viele Bohnensäckchen

Aufbau:
Die beiden kleinen Kästen werden jeweils an den schmalen Seiten des großen Kastens aufgestellt. Die Matte, auf der die Plastikenten sitzen, wird ca. 3 m entfernt von der Kastenquerseite auf den Boden gelegt. Vor dem ersten kleinen Kasten werden viele Bohnensäckchen auf dem Boden ausgelegt.

Bewegungsablauf:
Die Kinder nehmen ein Bohnensäckchen als Entenfutter auf und klettern über den kleinen Kasten auf die hohe Plattform des großen Kastens. Von dort werfen sie das Bohnensäckchen den Enten auf der Matte zu. Dann steigen sie auf der anderen Seite wieder herunter und holen sich neues Entenfutter.

Förderbereiche:
* Klettern / Steigen
* Gehen / Balancieren
* Werfen (nach unten)
* Körperspannung

ÜBER DEN STEG

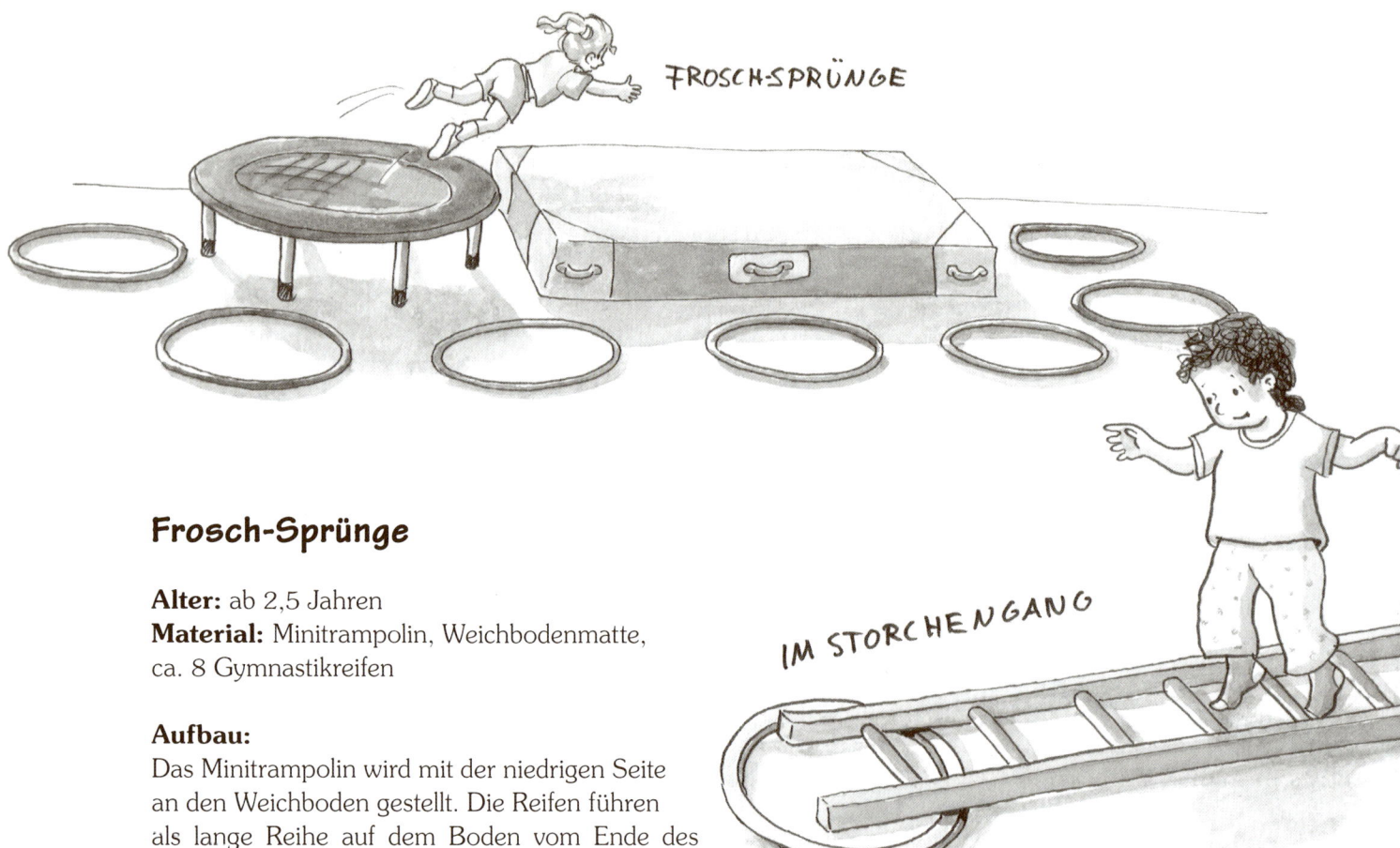

FROSCH-SPRÜNGE

IM STORCHENGANG

Frosch-Sprünge

Alter: ab 2,5 Jahren
Material: Minitrampolin, Weichbodenmatte, ca. 8 Gymnastikreifen

Aufbau:
Das Minitrampolin wird mit der niedrigen Seite an den Weichboden gestellt. Die Reifen führen als lange Reihe auf dem Boden vom Ende des Weichbodens zurück zum Trampolin.

Bewegungsablauf:
Die Kinder klettern auf das Trampolin und springen wie die Frösche auf der elastischen Fläche auf und ab. Dann machen sie einen großen Froschsprung in den Weichboden hinein. Vor dort aus hüpfen sie von Reifen zu Reifen zurück zum Trampolin.
Hinweis: Am Trampolin muss die Spielleitung Hilfestellung geben!

Variante für ältere Kinder
Die Kinder sagen mit der Spielleitung beim Springen auf dem Trampolin folgenden Spruch auf, bevor sie auf den Weichboden springen:
„Eins, zwei, drei, vier, fünf, sechs, sieben, acht, neun, zehn, der Frosch muss jetzt nach Hause gehn – und hüpf!"

Förderbereiche:
- Springen / Hüpfen / Niederspringen
- Körperspannung
- Koordination

Im Storchengang

Alter: ab 2 Jahren
Material: Turnleiter, 2 Fahrradmäntel; evtl. 1 Bohnensäckchen

Aufbau:
Die Turnleiter wird auf den Boden gelegt. Unter die erste und die letzte Sprosse wird jeweils ein Fahrradmantel gelegt.

Bewegungsablauf:
Die Kinder staksen wie Störche im Storchengang von einem Zwischenraum der Leiter zum nächsten.

Variante für ältere Kinder
Die Kinder bekommen ein Bohnensäckchen auf den Kopf gelegt und durchschreiten die Turnleiter. Wer schafft einen Durchgang, ohne dass das Säckchen herunterrutscht?

Förderbereiche:
- Gehen / Balancieren
- Steigen
- evtl. Konzentration

Tuff, tuff, Eisenbahn

WOCHE 24

Die Eisenbahn, die Eisenbahn

⦿ Nr. 9

Text: C. Grüger / S. Janetzko – Musik: S. Janetzko

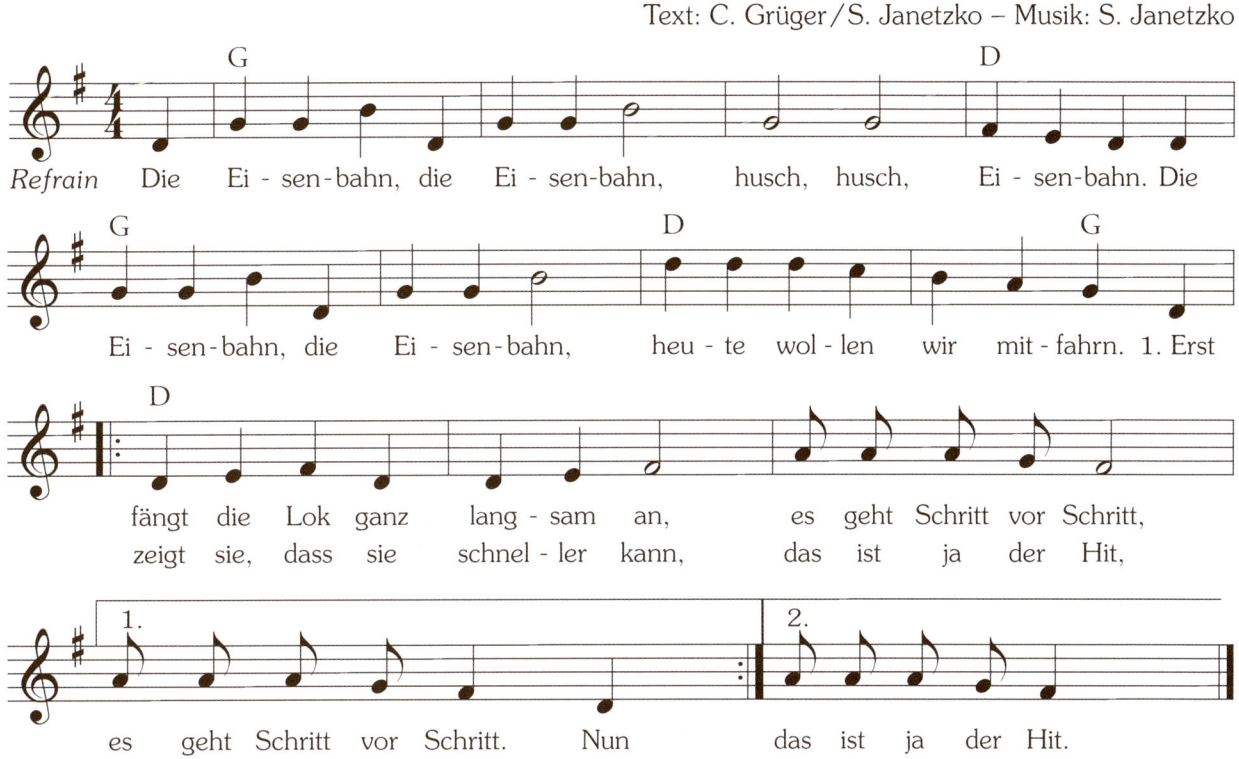

Refrain Die Ei-sen-bahn, die Ei-sen-bahn, husch, husch, Ei-sen-bahn. Die

Ei-sen-bahn, die Ei-sen-bahn, heu-te wol-len wir mit-fahrn. 1. Erst

fängt die Lok ganz lang-sam an, es geht Schritt vor Schritt,
zeigt sie, dass sie schnel-ler kann, das ist ja der Hit,

1. es geht Schritt vor Schritt. Nun
2. das ist ja der Hit.

Alter: ab 2 Jahren
Ausgangsposition: Die Kinder stehen in einer langen Schlange hintereinander, die Spielleitung bildet den Kopf.

Refrain:
Die Eisenbahn, die Eisenbahn,
husch, husch, Eisenbahn.
Die Eisenbahn, die Eisenbahn,
heute wollen wir mitfahrn.

die Kinder öffnen pantomimisch die Türen der Eisenbahn

1. Erst fängt die Lok ganz langsam an,
es geht Schritt vor Schritt. (2×)
Nun zeigt sie, dass sie schneller kann,
das ist ja der Hit. (2×)

die Schlange setzt sich in Bewegung

die Schlange wird schneller

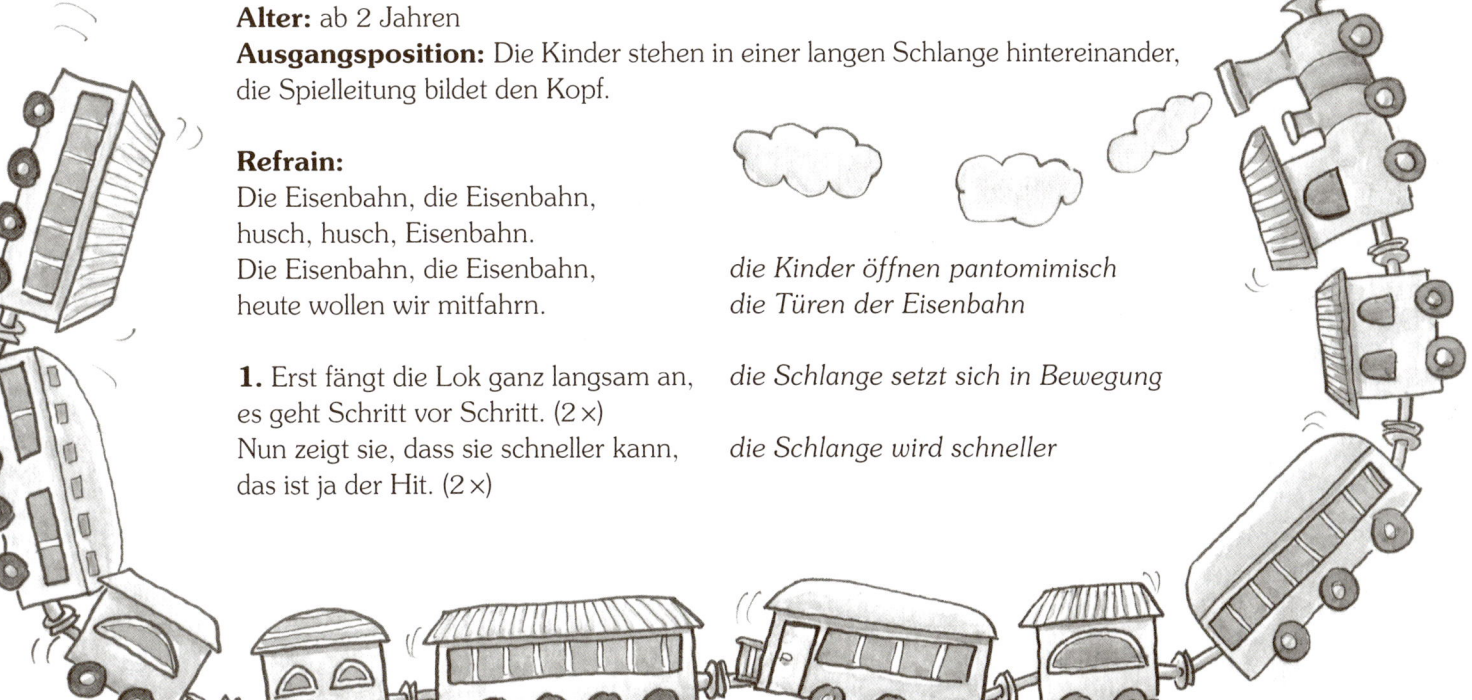

Refrain:
Die Eisenbahn, die Eisenbahn …

2. Jetzt fährt die Bahn den Berg hinauf,
da gibt sie viel Gas. (2×)
die Kinder heben die Beine höher an und schnauben dazu
Ja, oben ist sie mit Geschnauf,
nun hat sie viel Spaß. (2×)

Refrain:
Die Eisenbahn, die Eisenbahn …

3. Jetzt rauscht der Zug den Berg hinab,
fasst euch feste an. (2×)
die Kinder nehmen Handfassung ein, beugen sich vor und werden schneller
Die Eisenbahn geht mächtig ab,
rast so schnell sie kann. (2×)

Refrain:
Die Eisenbahn, die Eisenbahn …

4. Die Bahn fährt auf den Tunnel zu,
die Spielleitung bildet mit dem Kind hinter ihr in Handfassung einen Tunnel, der Zug fährt darunter durch
sie macht sich ganz klein. (2×)
Und rollt hindurch mit großer Ruh,
schaltet Lichter ein. (2×)

Refrain:
Die Eisenbahn, die Eisenbahn …

5. Und Kurven fährt der Zug ganz viel,
rechts und links herum. (2×)
die Kinder beugen sich abwechselnd beim Fahren nach rechts und links
Da vorne seht ihr schon das Ziel,
er wird langsam stumm. (2×)
alle bleiben stehen und lassen Dampf ab: „pffff!"

Im Tunnel

Alter: ab 1,5 Jahren
Material: 2 große Kastenteile, 1 Turnmatte,
1 Turnbank, 8 Gymnastikreifen, 1 Decke, 1 Tau

Aufbau:
Die beiden Kasteninnenteile werden in der Nähe einer Wand mit ca. 40 cm Abstand zueinander aufgerichtet auf den Boden gestellt. Darüber wird eine Matte gelegt, sodass ein Tunnel entsteht.
Mit einigen Metern Abstand dazu wird die Turnbank dicht an die Wand gestellt und zwischen Bank und Wand acht Reifen waagerecht eingeklemmt. Darüber wird eine Decke gebreitet.
Als Verbindung zwischen den beiden Tunnelstücken wird das Tau in Schlangenlinien auf dem Boden ausgelegt.

Bewegungsablauf:
Die Kinder krabbeln in den ersten Tunnel hinein. Wenn sie aus dem Tunnel herauskommen, gehen sie auf dem Tau wie auf kurvigen Schienen zum Reifentunnel, ducken sich und krabbeln hindurch.

Förderbereiche:
- Krabbeln / Kriechen
- Balancieren

Schienen

Alter: ab 1,5 Jahren
Material: 2 Turnbänke, 2 Chiffontücher;
evtl. 1 Gymnastikstab

Aufbau:
Die Turnbänke werden mit einem kleinen Abstand parallel zueinander als Schienen aufgestellt.

Bewegungsablauf:
Ein Kind schiebt die beiden Tücher über die Schienen-Bänke, indem es mit jeder Hand ein Tuch über eine Bank schiebt. Dabei geht es durch die Turnbankgasse. Am Ende angekommen, startet die Eisenbahn wieder von vorn.

Variante für ältere Kinder
Ein Kind legt den Gymnastikstab quer vor sich über beide Bänke und rollt ihn zum Ende der Bänke.

Förderbereiche:
- Auge-Hand-Koordination
- beidhändiges Arbeiten

Lokomotive

Alter: ab 2,5 Jahren
Material: 1 Turnbank, 2 Rollbretter, 2 Seile, viele Slalom-Hütchen; evtl. Lied „Die Eisenbahn, die Eisenbahn" (→ S. 65)

Aufbau:

Die Turnbank wird umgedreht und unter jedes Ende ein Rollbrett geschoben. Jede Seite wird mit einem Seil festgebunden, indem es unter dem Rollbrett hindurchgeführt und verknotet wird. Überall im Raum werden je zwei Hütchen nebeneinander mit einem Abstand von ca. 60 cm aufgestellt, sodass ein Parcours entsteht.

Bewegungsablauf:

Die Kinder setzen sich rittlings auf den schmalen Steg der Turnbank und werden von der Spielleitung und einigen Kindern durch den Hütchen-Parcours gefahren. Am Ende des Parcours gelangt der Zug in einen Kopfbahnhof und setzt seine Reise rückwärts fort.

Dazu kann das Lied „Die Eisenbahn, die Eisenbahn" gesungen oder von CD eingespielt werden.

Förderbereiche:

* Gleichgewichtssinn
* Körperanspannung

Kipp-Schranke

Alter: ab 2,5 Jahren
Material: Ringpaar, 1 Turnbank, 3–4 Seile, 3 Turnmatten; evtl. Trapezstange

Aufbau:

Die Ringe werden bis ca. 15 cm über dem Boden herabgelassen und die Turnbank dazwischen gestellt. Mittig unter der Bank wird ein Seil hergeführt und an beiden Enden mit einem der Ringe verknotet, sodass die Bank ca. 10 cm vom Boden entfernt frei in der Luft schwebt. Die Matten werden darunter auf dem Boden ausgelegt.

Hinweis: Falls vorhanden wird die Trapezstange mit Seilen zum Befestigen der Turnbank verwendet.

Bewegungsablauf:

Ein Kind steigt auf der einen Seite der Kipp-Schranke hinauf und krabbelt sehr vorsichtig zur anderen Seite der Schranke hinüber. Wenn die Kinder die Mitte überschreiten, kippt die Schranke zur anderen Seite hinunter.

Hinweis: Die Spielleitung gibt dem krabbelnden Kind Hilfestellung! Es darf immer nur ein Kind auf der Kipp-Schranke sein!

Förderbereiche:

* Steigen
* Gleichgewichtssinn
* Konzentration
* Koordination

IM TUNNEL

KIPP-SCHRANKE

LOKOMOTIVE

Der Wilde Westen

Indianertanz

Alter: ab 1,5 Jahren
Material: 1 Fahrradmantel pro Kind, Schminke, Tamburin

Aufbau:
Die Fahrradmäntel werden zu einem großen Kreis in der Mitte des Raumes ausgelegt. Die Spielleitung schminkt die Kinder wie Indianer.

Bewegungsablauf:
Die Kinder tanzen zum Rhythmus des Tamburins um die Fahrradmäntel wie um ein Lagerfeuer herum. Auf Zuruf der Spielleitung hocken sich die Kinder in die Reifen oder legen sich auf den Bauch.

Förderbereiche:
- Gehen / Laufen
- Rhythmusgefühl
- Reaktionsvermögen
- Orientierungsfähigkeit

Auf dem Schleichpfad

Alter: ab 1 Jahr
Material: viele Stühle, Fallschirm

Aufbau:
Die Stühle werden in zwei Reihen nebeneinander mit der Stuhllehne zueinander aufgestellt und mit einem Fallschirm überdeckt.

Bewegungsablauf:
Die Kinder schleichen sich vorsichtig an den Tunnel heran und krabbeln darunter durch. Sie dürfen den Fallschirm nicht berühren, damit ihre Bewegungen von außen nicht entdeckt werden können.

Förderbereiche:
- Krabbeln / Kriechen

Wilder Cowboyritt

Alter: ab 2,5 Jahren
Material: 3 große Kastenteile, 3 Turnmatten, 1 Gymnastikstab pro Kind

Aufbau:
Die Kastenteile werden quer zueinander mit ca. 2 m Abstand auf den Boden gelegt und jeweils längs mit einer Matte überdeckt, sodass eine Hügelbahn entsteht.

Bewegungsablauf:
Jedes Kind erhält einen Stab und klemmt sich diesen als Pferd zwischen die Beine. Die Kinder reiten hintereinander über die hügelige Prärie.

Förderbereiche:
- Gehen / Laufen / Balancieren
- Koordination

Lasso werfen

Alter: ab 2,5 Jahren
Material: 2 kleine Kästen, großer Kastendeckel, mehrere Slalom-Hütchen, 3 Fahrradmäntel

Aufbau:
Die beiden Kästen und der Kastendeckel werden in einer Reihe aufgestellt und die Hütchen in unterschiedlichen Entfernungen davon positioniert.

Bewegungsablauf:
Die Kinder stellen sich als Cowboys auf die Kästen und werfen die Schlauch-Lassos zu den Kuh-Hütchen. Wer berührt mit seinem Lasso eine Kuh? Die Lassos werden zurückgeholt und die nächsten Cowboys versuchen ihr Glück.

Förderbereiche:
- Werfen / Zielwurf
- Orientierungsfähigkeit
- Stärkung der Armmuskulatur

Im Dschungel

Wasserfall

Alter: ab 1 Jahr
Material: 1 Turnbank, Weichbodenmatte, 2 Turnmatten

Aufbau:
Der Weichboden wird im Verhältnis 1:2 über die Turnbank gelegt, sodass eine lange Abrollfläche entsteht. An den Enden werden die Matten zur Absicherung ausgelegt.

Bewegungsablauf:
Die Kinder klettern an der kürzeren Seite des Weichbodens den Wasserfall hinauf und purzeln und wälzen sich mutig den Wasserfall hinunter.

Varianten für ältere Kinder
- Die Kinder rollen den Wasserfall über die Längsachse oder sogar mit einer Rolle vorwärts hinunter.
- Die Kinder ersteigen den Wasserfall von unten.

Förderbereiche:
- Purzeln / Wälzen / evtl. Rollen
- evtl. Steigen / Klettern
- Raum-Lage-Sinn

Raubtierfalle

Alter: ab 1,5 Jahren
Material: großer zweiteiliger Kasten, 2 Turnmatten, 1 Turnbank, 1 kleiner Kasten

Aufbau:
In die zwei offenen Kastenteile wird eine Matte mit der Wölbung nach oben hineingesteckt. Die Turnbank wird schräg an einer schmalen Seite des Kastens eingehängt und auf der anderen Seite wird der kleine Kasten angestellt.

Bewegungsablauf:
Die Kinder kriechen die Turnbank hinauf und bewegen sich vorsichtig über die gewölbte Matte, die Raubtierfalle. Am Ende klettern sie über den Kasten wieder hinab.

Variante für ältere Kinder
Der kleine Kasten wird entfernt und durch eine Matte ersetzt. Die Kinder springen von der Raubtierfalle auf die Matte hinunter.

Förderbereiche:
- Krabbeln / Kriechen / Klettern
- Gleichgewichtssinn
- evtl. Niederspringen

Affen-Hunger

Alter: ab 2 Jahren
Material: Turnleiter, Sprossenwand, 2 Turnmatten, 1 gelbe Wäscheklammer pro Kind, Schnur, 1 Korb

Aufbau:
Die Turnleiter wird an der Sprossenwand eingehängt. Darüber wird an der Sprossenwand eine Schnur mit gelben Wäscheklammern befestigt und die Matten werden auf dem Boden ausgelegt.

Bewegungsablauf:
Die Kinder klettern wie die Affen die Leiter hinauf. Dort holen sie sich eine Wäscheklammer-Banane und klammern sie an ihr T-Shirt. Sie steigen an der Sprossenwand wieder herunter und legen ihre Banane in den Korb.

Förderbereiche:
- Klettern / Steigen
- Feinmotorik

Lianen-Sprung

Alter: ab 2,5 Jahren
Material: 2 kleine Kästen, Ringpaar, 2 Turnmatten; evtl. Trapezstange

Aufbau:
Die beiden Kästen werden mit ca. 2 m Abstand voneinander so unterhalb der Ringe aufgestellt, dass diese mittig zwischen den Kästen hängen. Der Zwischenraum wird mit Matten ausgelegt.

Bewegungsablauf:
Die Kinder stehen auf einem kleinen Kasten und halten sich an den Ringen, der Liane, fest. Sie schwingen sich zum anderen Kasten hinüber.

Varianten
- Wenn vorhanden wird eine Trapezstange in die Ringe gehängt.
- **Ältere Kinder** benutzen nur einen Ring zum Schwingen.

Förderbereiche:
- Hängen / Schwingen / Schaukeln
- Kräftigung der Armmuskulatur
- Körperspannung
- Gleichgewichtssinn

AFFEN-HUNGER

LIANEN - SPRUNG

Auf dem Spielplatz

Wippe

Alter: ab 1,5 Jahren
Material: Abflussrohr (20 cm Ø), 1 Turnmatte,
1 Turnbank, 2 Seile

Aufbau:
Über das Abflussrohr wird eine Matte gelegt und darauf quer die umgedrehte Bank. Sie wird mit zwei Seilen, die kreuzweise um die Mittelstütze der Bank gelegt werden, an dem Abflussrohr befestigt.

Bewegungsablauf:
Ein Kind balanciert auf der breiten Seite der Turnbank von dem einen Ende der Wippe zum anderen und hält sich dabei am schmalen Steg der Bank fest. Sobald es den Mittelpunkt überschreitet, kippt die Wippe dabei zur anderen Seite.
Hinweis: Es wippt immer nur ein Kind!

Variante für ältere Kinder
Alle Kinder setzen sich rittlings auf die Wippe und verlagern gemeinsam ihr Körpergewicht abwechselnd von vorn nach hinten.

Förderbereiche:
- Gehen / Balancieren
- Gleichgewichtssinn
- Koordination
- Körperspannung

Sandkasten

Alter: ab 1,5 Jahren
Material: 1 Tau, 1 Turnbank, mind. 3 Schuhkartons mit Sand in unterschiedlichen Körnungen

Aufbau:
Das dicke Tau bildet drei Seiten des Sandkastens. Die Turnbank wird als vierte Seite aufgestellt. Vor der Bank stehen innerhalb des Rahmens die Kartons mit Sand.

Bewegungsablauf:
Die Kinder balancieren hintereinander auf den Rändern des Sandkastens herum. Wie fühlen sich die unterschiedlichen Begrenzungen, das Tau und die Bank, an?
Die Kinder setzen sich auf die Bank, stellen ihre Füße in die Kartons und erforschen den Sand mit den Füßen. Wie fühlt sich der Sand an?

Förderbereiche:
- Gehen / Balancieren
- Tastsinn

Rutsche

Alter: ab 2,5 Jahren
Material: Weichbodenmatte, 2 Turnmatten, großer zweiteiliger Kasten

Aufbau:
Der Weichboden wird gewölbt über den Kasten gelegt und die Matten zur Absicherung darum herum ausgelegt.

Bewegungsablauf:
Die Kinder klettern die Weichboden-Rutsche hinauf und rutschen auf der anderen Seite wieder hinunter. Wer kann noch schneller rutschen?

Variante
Die Kinder rollen die Rutsche wie Baumstämme über die Längsachse herunter.

Förderbereiche:
- Klettern / Steigen
- Rutschen / Rollen

Klettergerüst

RUTSCHE

Alter: ab 2,5 Jahren
Material: 1 Turnbank, 1 kleiner Kasten, Sprossenwand, 4 Turnmatten, 3 Glöckchen, Schnur

Aufbau:
Die Turnbank wird mit einem Ende auf den kleinen Kasten gelegt und mit dem anderen Ende waagerecht in die Sprossenwand eingehängt. Darunter werden die Matten ausgelegt und die Glöckchen in unterschiedlichen Höhen an der Sprossenwand befestigt.

Bewegungsablauf:
Die Kinder ziehen sich mit den Armen auf dem Bauch über die Turnbank zum Sprossenwand-Klettergerüst. Dort stehen sie auf und läuten kräftig die Glöckchen – reichen sie an alle heran, wenn sie sich strecken? Sie klettern an der Sprossenwand hinunter und starten wieder an der Turnbank.

Förderbereiche:
- Kräftigung der Armmuskulatur
- Koordination
- Gleichgewichtssinn
- Klettern / Steigen

KLETTERGERÜST

WIPPE

Wasser in Bewegung

Über die Wasserwelle

Alter: ab 1 Jahr
Material: großer Kastendeckel, 1 Turnmatte, Kriechtunnel, 1 langes Seil

Aufbau:
Über das Kastenoberteil wird eine Matte gelegt und darüber der Kriechtunnel. Das Seil wird durch den Tunnel gezogen, unter der Matte entlang geführt und verknotet.

Bewegungsablauf:
Die Kinder robben und kriechen durch den Tunnel über die Wasserwelle hinweg. Am Ende der Welle schütteln die Kinder sich kräftig, um das Wasser abzuschlagen.

Förderbereiche:
- Robben / Krabbeln / Kriechen
- Gleichgewichtssinn

Wassertropfen fallen

Alter: ab 1,5 Jahren
Material: Sprossenwand, Weichbodenmatte; evtl. Luftballons

Aufbau:
Die Weichbodenmatte wird vor die Sprossenwand gelegt.

Bewegungsablauf:
Die Kinder klettern die Sprossenwand ein kleines Stück hinauf und springen von oben als Wassertropfen wie aus einer Wolke in den blauen See. Jedes Mal geht es ein Stück höher die Sprossenwand hinauf.

Variante für ältere Kinder
Die Luftballons werden mit etwas Wasser gefüllt. Jedes Kind nimmt einen Ballon die Sprossenwand mit hinauf, lässt ihn in den See fallen und springt hinterher.

Förderbereiche:
- Klettern / Steigen
- Niederspringen
- evtl. Koordination

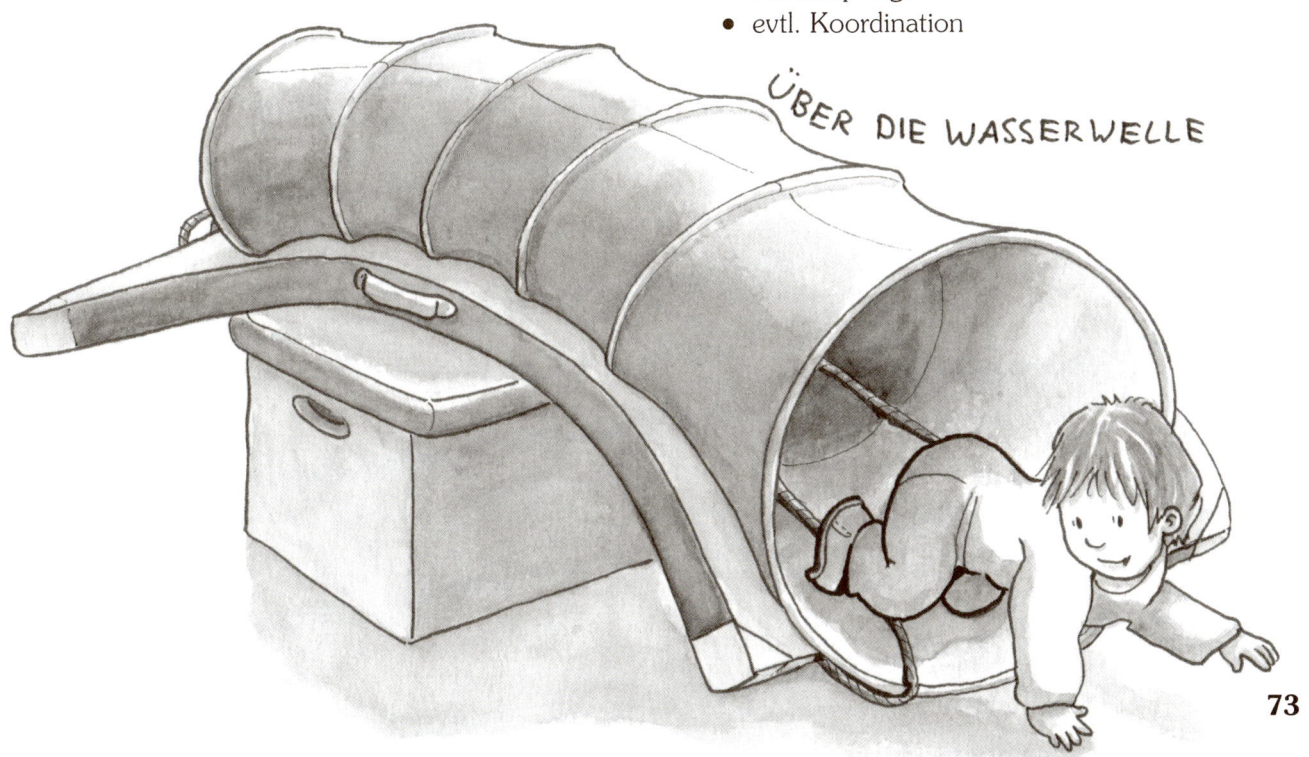

ÜBER DIE WASSERWELLE

Wasserblasen

Alter: ab 2 Jahren
Material: Malerfolie, viele blaue und weiße Luftballons; evtl. viele Tischtennisbälle

Die Kinder stellen sich im Rechteck auf und halten die Malerfolie an allen vier Seiten mit beiden Händen fest. Die Spielleitung wirft die Luftballons auf die Folie. Durch vorsichtiges Schwingen der Folie werden die Ballons in Bewegung gebracht, sodass die Wasserblasen zu tanzen beginnen.

Variante

Die Kinder setzen sich auf den Boden und halten die Folie fest. Statt der Ballons bringen sie Tischtennisbälle vorsichtig ins Rollen.

Förderbereiche:
- Auge-Hand-Koordination
- Reaktionsvermögen

Ebbe und Flut

Alter: ab 2 Jahren
Material: ca. 15 Gymnastikstäbe, 1 Turnbank, 2 kleine Kästen

Aufbau:
Die Turnbank wird umgedreht auf die Stäbe gelegt. An den beiden Enden der Bank steht in einem Abstand von 1 m jeweils ein kleiner Kasten, um das Rollen der Bank zu begrenzen.

Bewegungsablauf:
Die Kinder sitzen rittlings auf der umgedrehten Bank und halten sich fest. Die Spielleitung rollt die Bank langsam vor und wieder zurück. Dazu spricht sie z. B. die folgenden Sätze:
„Das Wasser / die Flut kommt!"
➜ Vorwärtsbewegung
„Das Wasser geht! / Die Ebbe ist da!"
← Rückwärtsbewegung

Förderbereiche:
- Gleichgewichtssinn
- Körperspannung

EBBE UND FLUT

Am Strand

Fußabdrücke

Alter: ab 1 Jahr
Material: 4 breite, flache Kartons, Alltagsmaterialien wie Watte, Sand, Schwämme und Schraubdeckel (z. B. von Joghurtgläsern), 24 Fußschablonen (große rechte und linke Fußformen aus rutschfestem Material ausgeschnitten, z. B. Isomatten)

Aufbau:
Die Kartons werden mit je einem Material gefüllt, wobei die Schraubdeckel mit der glatten Seite nach oben ausgelegt werden. Zwischen den Kartons werden abwechselnd vier rechte und vier linke Fußschablonen gelegt.

Bewegungsablauf:
Die Kinder gehen barfuß durch die Kartons und setzen dazwischen die Füße auf die jeweilige rechte oder linke Fußschablone. Wer kann die Füße richtig setzen? Die Kinder vergleichen am Ende die Fußabdrücke im Sand und die Fußschablonen auf dem Fußboden. Was ist gleich, was ist anders?

Förderbereiche:
- Tastsinn
- Körperspannung
- Gleichgewichtssinn

Luftmatratze

Alter: ab 1,5 Jahren
Material: großer Kastendeckel, 3 Luftkissen, 1 Wolldecke

Aufbau:
Das Kastenoberteil wird umgedreht auf die drei Luftkissen gelegt und in dem Oberteil eine Wolldecke ausgebreitet.

Bewegungsablauf:
Ein Kind legt oder setzt sich in das Kastenoberteil und schaukelt auf der Luftmatratze im Wasser hin und her. Wer kann die Luftmatratze besonders stark zum Schaukeln bringen ohne herauszufallen?

Förderbereiche:
- Schwingen / Schaukeln
- Gleichgewichtssinn

Muscheltauchen

Alter: ab 2 Jahren
Material: Sprossenwand, Turnleiter, 2 große Kastenteile, viele Muscheln, 1 Korb

Aufbau:
Die Leiter wird mit einem Ende auf die beiden Kastenteile gelegt und mit dem anderen Ende waagerecht in die Sprossenwand eingehängt. Unter der Leiter werden Muscheln auf den Boden gestreut und am Ende ein leerer Korb aufgestellt.

Bewegungsablauf:
Ein Kind beginnt an einem Ende der Leiter und klettert über die Sprossen. In den Zwischenräumen taucht es ab und sammelt Muscheln vom Meeresboden auf, die es direkt zum Muschelkorb am Ende der Tauchstrecke bringt. Dann geht es auf zum nächsten Tauchgang.

Förderbereiche:
- Steigen / Klettern
- Gleichgewichtssinn
- Auge-Hand-Koordination
- Orientierungsfähigkeit

Wellenreiten

Alter: ab 2,5 Jahren
Material: 2 kleine Kästen, 1 Turnmatte, Minitrampolin, Weichbodenmatte

Aufbau:

Die kleinen Kästen werden mit etwas Abstand hintereinander aufgestellt und dazwischen die Matte ausgelegt. Das Minitrampolin wird ans Ende der Reihe mit der hohen Seite zum letzten Kasten gestellt, dahinter wird die Weichbodenmatte ausgelegt.

Bewegungsablauf:

Die Kinder klettern von einer Welle zur nächsten. Am Ende steigen sie auf das Trampolin und landen nach dem Sprung im Weichboden – im offenen Meer.

Förderbereiche:

- Steigen / Klettern
- Springen / Hüpfen / Niederspringen
- Körperspannung

MUSCHELTAUCHEN

WELLENREITEN

Auf hoher See

Leuchttürme umfahren

Alter: ab 1 Jahr
Material: viele Slalom-Hütchen, 1 Tennisring pro Kind; evtl. Tamburin

Aufbau:
Die Hütchen werden im Raum verteilt.

Bewegungsablauf:
Jedes Kind erhält einen Tennisring und hält ihn wie ein Steuerrad in den Händen. Alle Kinder fahren als Schiffe durch den Raum um die Hütchen-Leuchttürme herum, ohne sie zu berühren. Jeder Leuchtturm wird von den Schiffen mind. einmal umrundet.

Variante für ältere Kinder
Die Spielleitung schlägt das Tamburin zur Schiffsfahrt der Kinder. Beim Trommel-Stopp bleiben alle stehen und halten kurz inne, bevor sie in einer anderen Richtung weiterfahren.

Förderbereiche:
- Gehen
- Koordination
- Orientierungsfähigkeit
- evtl. Rhythmusgefühl und Reaktionsvermögen

Großer Kutter

Alter: ab 1,5 Jahren
Material: Weichbodenmatte, großer zweiteiliger Kasten, 2 Turnbänke, Turnleiter

Aufbau:
Der Kasten wird quer vor die Breitseite des Weichbodens gestellt. Die beiden Turnbänke werden wie ein „V" mit der Spitze zum Kasten hin ausgerichtet. Die Turnleiter bildet die Verbindung beider Bänke.

Bewegungsablauf:
Die Kinder klettern auf und an dem Kutter herum und erforschen das ganze Schiff von innen und außen. Der Kasten dient dabei als Kiel des Schiffes, die Turnbänke sind die Seitenwände und die Turnleiter ist das Deck. Sind sie mit der Erkundung fertig, springen sie vom Kasten aus ins Weichboden-Meer.

Variante für ältere Kinder
Die Spielleitung bestimmt die Kletterwege der Kinder und fordert sie auf:
„Alle Mann an Deck!"
alle kommen auf die Turnleiter
„Alle Mann in den Kiel!"
alle kommen zum Kasten
„Alle Mann an die Seitenwände!"
alle klettern auf die Turnbänke
„Alle Mann über Bord!"
alle springen nacheinander vom Kasten auf den Weichboden

Förderbereiche:
- Krabbeln / Kriechen / Klettern
- Gehen / Balancieren
- Niederspringen
- evtl. Reaktionsvermögen und Orientierungsfähigkeit

Flagge hissen

Alter: ab 2 Jahren
Material: Ringpaar, Sprossenwand (oder Befestigungshaken an den Wänden), viele farbige Tücher, 1 Band pro Tuch

Aufbau:
Die Ringe werden auf Kopfhöhe der Kinder heruntergelassen. Daran und an der Sprossenwand werden lange Bänder mit Tüchern befestigt, sodass die Tücher und Bänder auf dem Boden liegen und das Band durch die Ringe bzw. die Sprossen oder Haken gezogen ist.

FLAGGE
HISSEN

BOOT
IM
STURM

Bewegungsablauf:

Die Kinder hissen abwechselnd die unterschiedlichen Fahnen im Raum und lassen sie wieder herab.

Variante für ältere Kinder

Die Kinder platzieren sich an den Fahnen und ziehen alle Fahnen zugleich hoch, während die Spielleitung bis zehn zählt. Im nächsten Durchgang zählt die Spielleitung nur bis acht. Sind alle Fahnen bei „acht" gehisst?

Förderbereiche:

- Auge-Hand-Koordination
- evtl. Geschwindigkeit

Boot im Sturm

Alter: ab 2,5 Jahren
Material: Ringpaar, mind. 2 Seile, 1 Turnmatte, 2–3 Luftkissen, 8 Fußschablonen (→ S. 75 „Fußabdrücke")

Aufbau:

Die Ringe werden ca. auf Kopfhöhe der Kinder heruntergelassen. Darunter werden auf dem Boden die beiden Seile parallel zueinander ausgelegt und die Matte darüber gebreitet. Die Seilenden werden an den Ringen verknotet, sodass sich die Matte u-förmig biegt und noch leichten Bodenkontakt hat. Unter die Matte werden die Luftkissen gelegt.
Die Fußschablonen werden ausgehend von der einen Mattenseite auf dem Boden ausgelegt und führen zur anderen Mattenseite.

Hinweis: Wenn die Matten Schlaufen haben, werden diese zusätzlich mit Seilen an den Ringen befestigt.

Bewegungsablauf:

Die Kinder krabbeln, kriechen, gehen und hüpfen über die Matte, das schwankende Boot im Sturm. Wenn sie aus dem Boot hinaustreten, gehen sie über die Fußschablonen zum Ausgangspunkt zurück.

Variante

Ein Kind legt sich in das Boot und wird von der Spielleitung hin- und hergeschaukelt.

Förderbereiche:

- Krabbeln / Kriechen / Klettern
- Gehen / Hüpfen
- Gleichgewichtssinn
- evtl. Schwingen / Schaukeln

Tiere in der Luft

Fliege

Alter: ab 1 Jahr
Material: 2 kleine Kästen, 1 großes Kasten-
innenteil, 3 Turnmatten, 2 kleine Tücher pro
Kind

Aufbau:

Die beiden kleinen Kästen werden mit ca. 2 m Abstand hintereinander aufgebaut und das Kasteninnenteil wird im gleichen Abstand quer auf einer
Seitenwand aufgestellt. Zwischen den drei Kästen
wird jeweils eine Matte ausgelegt und zum Stabilisieren wird die dritte Matte in das Kasteninnenteil
geschoben.

Bewegungsablauf:

Jedes Kind erhält zwei Tücher als Flügel. Die Kinder klettern damit über die kleinen Kästen hinüber.
Beim Überqueren der Matten schlagen sie heftig
mit ihren Flügeln. Am Ende der Bahn steuern sie
im Tiefflug durch das Kastenteil.

Förderbereiche:

- Klettern / Steigen
- Gleichgewicht
- Kräftigung der Armmuskulatur
- Krabbeln / Kriechen

Biene

Alter: ab 1,5 Jahren
Material: viele Tennisbälle, 3 große Tücher,
3 Gymnastikreifen, 3 Zollstöcke, dickes Tau;
evtl. viele Becher

Aufbau:

Auf einer Raumseite werden die Tennisbälle auf
den drei ausgebreiteten Tüchern verteilt. Um die
Tücher herum werden die Reifen gelegt. Am anderen Ende des Raums werden aus den Zollstöcken
sechseckige Waben geformt und als Kreis darum
herum wird das Tau gelegt.

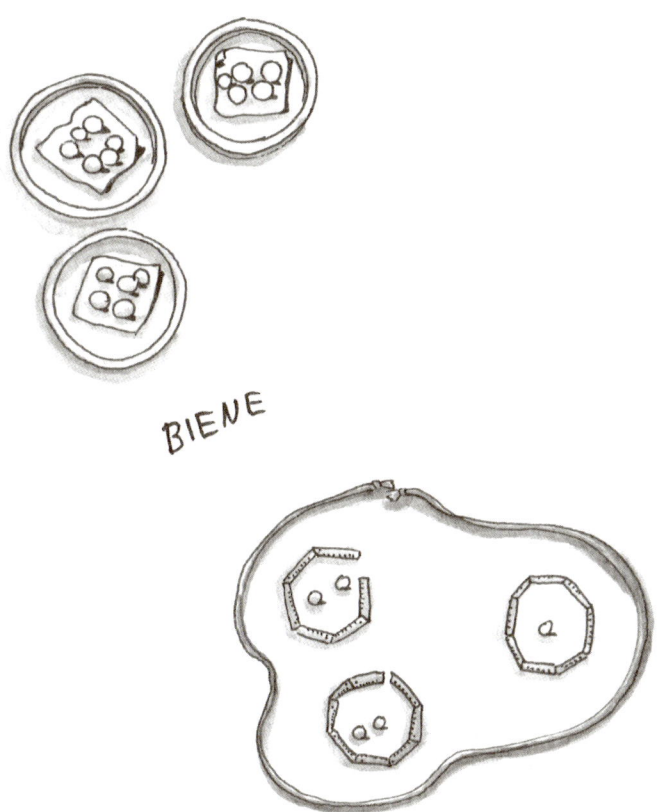

BIENE

Bewegungsablauf:

Die Kinder versammeln sich als Bienen um den
Bienenstock herum und fliegen von dort aus zu den
Blüten-Tüchern. Dort sammeln sie immer einen
Pollen-Ball ein und bringen diesen in die Bienen-
waben in den Stock. Welche kleine Biene ist be-
sonders fleißig und bringt viel Pollenstaub in den
Bienenstock?

Variante für ältere Kinder

Statt der Bälle stehen kleine mit etwas Wasser ge-
füllte Becher in den Reifen als Blütennektar. Vorsichtig balancieren die Bienen den flüssigen Nektar
zum Stock.

Förderbereiche:

- Gehen / Laufen
- Auge-Hand-Koordination
- Orientierungsfähigkeit
- evtl. Balancieren

Libelle

Alter: ab 2 Jahren
Material: Frühstücksbeutel, Rohrverkleidungen (graues Styropor, 10 cm lang), ca. 6 Reifen, 1 kleiner Kasten

Aufbau:
Die Frühstücksbeutel werden aufgeschnitten und als Flügel in die eingeritzten Rohrverkleidungen gesteckt, sodass eine Libelle entsteht.
Die Reifen werden in einer Reihe auf den Boden gelegt. Am Ende steht in ca. 2 m Entfernung umgedreht der kleine Kasten.

Bewegungsablauf:
Jedes Kind erhält eine Libelle und fliegt damit von Reifen-Tümpel zu Reifen-Tümpel. Im letzten Tümpel bleiben die Kinder stehen und werfen die Libelle in den Kasten, den großen Teich. Danach nehmen sie die Libelle wieder auf und der Flug beginnt von vorn.

Variante für ältere Kinder
Die Kinder benutzen im Wechsel ihre rechte und linke Hand zum Halten und Werfen der Libelle.

Förderbereiche:
- Gehen / Laufen
- Auge-Hand-Koordination
- Werfen / Zielwurf
- evtl. Beidhändigkeit

Maikäfer

Alter: ab 2 Jahren
Material: Gefrierbeutel, 2 Körbe, 1 Turnbank, 1 großer zweiteiliger Kasten, Weichbodenmatte

Aufbau:
Die Gefrierbeutel werden mit etwas Luft gefüllt, verknotet und in einen Korb neben die Turnbank gelegt. Die Bank wird mit der einen Seite schräg auf der Querseite des Kastens aufgelegt und hinter dem Kasten wird der Weichboden platziert. In einiger Entfernung zum Weichboden wird der zweite Korb aufgestellt.

Bewegungsablauf:
Die Kinder nehmen sich einen Beutel als dicken Maikäfer und ziehen sich bäuchlings damit die Turnbank hinauf. Sie klettern auf den Kasten und springen im Maikäferflug auf den Weichboden. Von dort aus fliegen sie ein kurzes Stück zum Korb und werfen ihren Käfer hinein.

Variante
Die Kinder krabbeln oder balancieren die Bank hinauf.

Förderbereiche:
- Robben / Krabbeln / Kriechen
- Kräftigung der Armmuskulatur
- Niederspringen
- Werfen / Zielwurf
- evtl. Balancieren

Wir gehen auf Körperreise

Die Finger gehen jetzt auf Reise

Nr. 10

Text: C. Grüger / S. Janetzko / S. Weyhe – Musik: S. Janetzko

Refrain Die Fin-ger ge-hen jetzt auf Rei - se, auf su-per-e-le-gan-te

Wei - se. Die Wei - se. Sie hu-schen hin und her, und das ge -

fällt ih-nen sehr. Sie hu-schen hin und her, und das ge - fällt ih-nen sehr.

1. Seht euch mal den Dau-men an, wie sein Köpf-chen ni-cken kann.

Alter: ab 2 Jahren

Refrain:
Die Finger gehen jetzt auf Reise,
auf superelegante Weise. (2×)
Sie huschen hin und her,
und das gefällt ihnen sehr. (2×)

die Finger spazieren durch die Luft

die Hände huschen vor dem Gesicht hin und her

1. Seht euch mal den Daumen an,
wie sein Köpfchen nicken kann.

nur der Daumen wippt auf und ab

Refrain:
Die Finger gehen jetzt auf Reise …

2. Seht den Zeigefinger an,
wie er sich lang strecken kann.

den Zeigefinger langmachen

Refrain:
Die Finger gehen jetzt auf Reise …

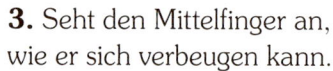

3. Seht den Mittelfinger an, wie er sich verbeugen kann.

der Mittelfinger beugt und streckt sich

Refrain:

Die Finger gehen jetzt auf Reise ...

4. Seht euch den Ringfinger an, der den Daumen küssen kann.

Ringfinger- und Daumenspitze berühren sich

Refrain:

Die Finger gehen jetzt auf Reise ...

5. Kleiner Finger, zapple keck! Husch – und alle sind schnell weg!

der kleine Finger zappelt
alle Finger verschwinden hinter dem Rücken

Hinweis: Der Liedtext lässt sich auch ohne Musik sehr schön mit den Kindern als Fingerspiel umsetzen.

Kopf-Bewegungen

Alter: ab 1 Jahr
Material: mehrere Bohnensäckchen

Die Kinder stehen im Kreis. Die Spielleitung gibt den Kindern unterschiedliche Bewegungsanweisungen:
„Die Hände an den Kopf. Der Kopf wackelt hin und her!"
„Die Hände an das Kinn. Der Kopf nickt auf und ab!"
„Die Hände auf das Haar. Der Kopf dreht sich nach links und rechts!"
Danach bekommen einzelne Kinder ein Bohnensäckchen auf den Kopf gelegt, das sie einmal um den ganzen Kreis herum transportieren müssen, bevor sie mit anderen Kindern die Rollen tauschen.

Förderbereiche:
- Körpererfahrung
- Reaktionsvermögen
- Gehen/Balancieren
- Koordination

Fußspiel

Alter: ab 1,5 Jahren
Material: viele Schwämme; evtl. 1 Gymnastikreifen

Die Kinder stehen mit der Spielleitung im Kreis um die Schwämme herum. Sie bewegen die Schwämme nur mit den Füßen durch den Raum. Wer kann mehrere auf einmal bewegen?
Alle Schwämme werden mit den Füßen innerhalb des Kreises zu einer Raumseite gebracht.

Variante

Alle Schwämme werden in einen bereitliegenden Reifen transportiert. Die Kinder sitzen dabei auf dem Boden und klemmen einen Schwamm zwischen beiden Füße ein. Sie heben ihn hoch und lassen ihn über dem Reifen fallen.

Förderbereiche:
- Auge-Fuß-Koordination

Arme hoch

Alter: ab 2 Jahren
Material: 1 Turnbank, 1 roter und 1 blauer Filzstift

Die Kinder sitzen im Schneidersitz auf dem Boden vor der Turnbank und legen ihre Handflächen auf die Sitzfläche der Bank. Die Spielleitung malt jedem Kind einen roten Punkt auf die rechte Hand und einen blauen Punkt auf die linke Hand.
Sie fordert die Kinder auf:
„Beide Arme nach oben strecken!"
„Arme ablegen!"
„Den roten Arm strecken!"
„Arm ablegen!"
„Den blauen Arm strecken!"
„Arm ablegen!"
„Arme ausschütteln!"
Alle Sätze werden mehrfach abwechselnd wiederholt.

Variante für ältere Kinder
Die Spielleitung sagt statt „roter Arm" „rechter Arm" und statt „blauer Arm" „linker Arm".

Förderbereiche:
- Kräftigung der Armmuskulatur
- Reaktionsvermögen
- Koordination
- evtl. erstes Gefühl für Rechts-Links-Unterscheidung

Rückenreise

Alter: ab 2,5 Jahren
Material: 1 Turnmatte oder Decke pro Kinderpaar

Aufbau:
Für jedes Kinderpaar wird eine Matte oder Decke auf dem Boden verteilt.

Bewegungsablauf:
Die Kinder gehen zu zweit mit Handhaltung um die Matten oder Decken herum. Wenn die Spielleitung beide Arme in die Höhe streckt, sucht sich jedes Kinderpaar eine Matte aus. Die Kinder stellen sich in den Vierfüßlerstand und machen einen runden Rücken wie einen Katzenbuckel.
Ein Kind legt sich auf den Bauch und sein Partnerkind kreist mit den Fingerspitzen über seinen Rücken. Die Spielleitung spricht folgende Verse:

„Die Finger kreisen hin und her,
das gefällt dem Rücken sehr.
Die Finger legen sich auf den Rücken drauf
und hören mit dem Kreisen auf."

Bevor die Rollen getauscht werden, machen alle Kinder noch einmal den Katzenbuckel.

Variante für jüngere Kinder
Die Kinder machen nur die Rückenreise.

Förderbereiche:
- Gehen
- Orientierungsfähigkeit
- Auge-Hand-Koordination
- Kräftigung und Entspannung der Rückenmuskulatur

ARME HOCH

Viele Ballons

Luftballons im Flug

Alter: ab 1,5 Jahren
Material: Fallschirm, 10 Luftballons

Die Kinder stellen sich um den Fallschirm herum und halten ihn mit beiden Händen fest. Die Spielleitung legt acht bis zehn Luftballons in den Fallschirm. Gemeinsam wird der Fallschirm auf und ab geschwungen. Wenn einige Ballons hinausgeflogen sind, werden sie eingesammelt und das Schwingen beginnt wieder von vorn.

In einem zweiten Schritt legen sich drei Kinder eng nebeneinander auf den Fallschirm zu den Luftballons. Die anderen Kinder schütteln das Schwungtuch, sodass die Ballons über den liegenden Kindern schweben.

Zum Schluss setzen sich alle Kinder im Langsitz mit den Beinen unter den Fallschirm und schütteln das Schwungtuch kräftig, sodass die Ballons über ihren Köpfen auf- und abschweben.

Förderbereiche:
- Kräftigung der Armmuskulatur
- Tastsinn
- Koordination

Flug im Heißluftballon

Alter: ab 1,5 Jahren
Material: Ringpaar, Seile, 1 Turnmatte

Aufbau:
s. Woche 30 „Boot im Sturm" (→ S. 78). Die Matte schwebt ca. 30 cm über dem Boden.

Bewegungsablauf:
Zwei Kinder werden in den Schaukel-Heißluftballon gesetzt und von der Spielleitung hin und her geschaukelt. Der Flug des Ballons geht hoch hinaus.

Förderbereiche:
- Schwingen / Schaukeln

Luftballons und Seifenblasen

Alter: ab 2,5 Jahren
Material: 2 kleine Kästen, großer Kastendeckel, 4 Fläschchen Seifenblasenmischung, viele Luftballons

Aufbau:
Die kleinen Kästen und der Kastendeckel werden in der Halle verteilt. Auf jeden Kasten stellt sich ein Kind mit einer Seifenblasenflasche, und auch die Spielleitung hält eine Flasche bereit. Die anderen Kinder erhalten jeweils einen Luftballon.

Bewegungsablauf:
Die Kinder und die Spielleitung pusten die Seifenblasen kräftig in den Raum. Die anderen Kinder laufen herum und schlagen die schwebenden Seifenblasen mit den Luftballons kaputt.

Förderbereiche:
- Gehen / Laufen
- Hüpfen / Springen
- Auge-Hand-Koordination
- Geschicklichkeit

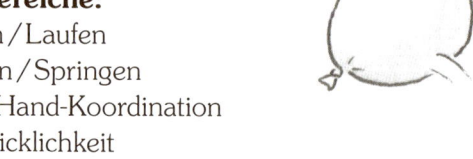

Ballontransport

Alter: ab 2,5 Jahren
Material: Ringpaar, 2 Turnmatten, 2 Gymnastik-reifen, 1 Luftballon; evtl. Trapezstange

Aufbau:
Die Ringe werden auf Kopfhöhe der Kinder herab-gelassen und darunter zwei Matten gelegt. Die Rei-fen werden mit 30 cm Abstand zueinander auf den Matten positioniert.
Hinweis: Ist eine Trapezstange vorhanden, wird sie in die Ringseile eingehängt.

Bewegungsablauf:
Ein Kind stellt sich an die Ringe und klemmt sich den Luftballon mithilfe der Spielleitung zwischen die Beine. Es nimmt Schwung und trägt den Bal-lon durch die Luft zum anderen Reifen hinüber.
Hinweis: Wenn die Ballons nicht ganz prall aufge-blasen werden, ist der Transport leichter!

Förderbereiche:
- Schwingen / Schaukeln
- Körperspannung
- Kräftigung der Arm- und Beinmuskulatur

BALLONTRANSPORT

LUFTBALLONS
UND
SEIFENBLASEN

Erntezeit

Pflaumen pflücken

Alter: ab 1,5 Jahren
Material: 1 Turnbank, 1 kleiner Kasten,
1 Teppichrohr o. Ä., blaues Seidenpapier, doppelseitiges Kreppklebeband, 1 Turnmatte, 1 Korb

Aufbau:
Die Turnbank wird mit einer Seite auf den kleinen Kasten aufgelegt. Direkt neben dem Kasten wird das Teppichrohr aufgestellt, woran mit dem Klebeband viele Seidenpapierknäuel geklebt werden. Hinter dem Kasten wird die Matte ausgelegt und einige Meter weiter der Korb platziert.

Bewegungsablauf:
Die Kinder klettern die Bank wie einen Baumstamm hinauf. Sie stellen sich auf den kleinen Kasten, die Baumkrone, und pflücken eine Seidenpapier-Pflaume vom Baum. Sie springen vom Kasten auf die Matte und bringen ihre Pflaume in den Erntekorb.

Förderbereiche:
- Klettern / Steigen
- Auge-Hand-Koordination
- Feinmotorik
- Niederspringen

Strohhaufen

Alter: ab 1,5 Jahren
Material: 2 Stühle, 1 Wolldecke, viele Trinkstrohhalme, 1 Styroporplatte, 1 Stricknadel

Aufbau:
Auf einer Raumseite werden zwei Stühle mit ca. 2 m Abstand aufgestellt, sodass die Rückenlehnen zueinander zeigen. Die Decke wird über die Lehnen gebreitet. Auf der einen Deckenseite nahe der Wand liegt in einigem Abstand eine Styroporplatte, in die mit der Stricknadel viele Löcher gestoßen werden. Auf der anderen Seite der Stühle werden im ganzen Raum Strohhalme ausgestreut.

Bewegungsablauf:
Die Kinder gehen auf dem Getreidefeld herum und sammeln Strohhalme ein. Mit den Halmen krabbeln sie durch das Decken-Scheunentor in die Scheune. Dort stecken sie die Halme in den vorbereiteten Styropor-Strohhaufen.

Förderbereiche:
- Auge-Hand-Koordination
- Orientierungsfähigkeit
- Krabbeln / Kriechen
- Feinmotorik

Mirabellen sammeln

Alter: ab 2 Jahren
Material: 4 Seile, viele gelbe Wattebällchen,
1 Fliegenklatsche pro Kind

Aufbau:
Auf zwei gegenüberliegenden Raumseiten wird aus jeweils zwei Seilen ein großer Kreis gelegt. In dem einen Kreis werden die Wattebällchen verstreut.

Bewegungsablauf:
Jedes Kind erhält eine Fliegenklatsche als Harke. Die Kinder befördern damit die vom Baum heruntergefallenen Mirabellen zur anderen Seite des Gartens. Wie schnell füllt sich der leere Kreis?

Variante für ältere Kinder
Die Mirabellen werden auf die Fliegenklatsche gelegt und darauf zum anderen Kreis balanciert.

Förderbereiche:
- Gehen / evtl. Balancieren
- Koordination
- Auge-Hand-Koordination
- Orientierungsfähigkeit

Traktor und Anhänger

Alter: ab 2 Jahren
Material: 1 kleiner Kasten, 1 Rollbrett, Seile, viele Slalom-Hütchen, viele Maiskolben

Aufbau:
Der kleine Kasten wird umgedreht auf das Rollbrett gelegt und mit Seilen befestigt. Je zwei Hütchen werden als Tore zu einem Fahrweg im Raum aufgestellt. In der Mitte des Fahrwegs werden Maiskolben ausgelegt.

Bewegungsablauf:
Ein Kind sitzt im Anhänger und zwei Kinder schieben als Traktor den Anhänger über den markierten Feldweg. An den Maiskolben wird gestoppt und die Kinder laden die Kolben in den Hänger. Am Ende des Weges werden die beladenen Hänger über den Weg zurückgefahren, ausgeladen und die Rollen getauscht.
Hinweis: Wenn möglich schließt sich hieran eine gemeinsame Maiskolben-Grillaktion an oder jedes Kind nimmt einen Kolben mit nach Hause!

Förderbereiche:
- Gleiten
- Orientierungsfähigkeit
- Grobmotorik

MIRABELLEN

SAMMELN

PFLAUMEN PFLÜCKEN

87

Auf der Obstwiese

BIRNEN SCHÜTTELN

Kirschen pflücken

Alter: ab 1,5 Jahren
Material: Sprossenwand, Turnleiter, Schnur, mehrere rote Wäscheklammern, 2 Turnmatten, 1 Körbchen

Aufbau:
Die Turnleiter wird auf mittlerer Höhe in die Sprossenwand eingehängt. An einer der oberen Sprossen wird die Schnur angebunden und die Wäscheklammern werden daran gesteckt. Vor der Sprossenwand und unter der Leiter werden die Turnmatten ausgelegt. Das Körbchen wird neben die Sprossenwand gestellt.

Bewegungsablauf:
Die Kinder spielen Erntehelfer. Sie klettern die Turnleiter nach oben zum Kirschbaum und ziehen dort eine rote Wäscheklammer-Kirsche ab. Diese stecken sie sich an ihr Shirt, steigen die Sprossenwand nach unten und legen ihre Kirsche in das Körbchen. Wie schnell schaffen es die Erntehelfer, alle Kirschen vom Baum zu pflücken?

Förderbereiche:
• Steigen / Klettern
• Feinmotorik

Wurm im Apfel

Alter: ab 1 Jahr
Material: Kriechtunnel, 1 Seil

Aufbau:
In den geschlossenen Kriechtunnel wird ein Seil eingeführt und die beiden Enden werden locker zusammengebunden, sodass das Seil ca. 1,5 m Umfang hat. Der Kriechtunnel wird geöffnet und zu einem fast geschlossenen Kreis auf den Boden gelegt.

Bewegungsablauf:
Die Kinder spielen kleine Würmer, die sich durch den saftigen Apfel fressen. Dazu kriechen, robben, rutschen oder krabbeln sie durch den runden Kriechtunnel. Na, wo kommt der Wurm wieder heraus?

Förderbereiche:
• Krabbeln / Kriechen / Robben
• Rutschen

WALDBEEREN SAMMELN

Birnen schütteln

Alter: ab 1,5 Jahren
Material: 2 Slalomständer, 2 Gymnastikseile,
1 Bettlaken, viele gelbe oder grüne Luftballons

Aufbau:
Zwischen den beiden Slalomständern werden die
Seile so gespannt, dass das Bettlaken daran wie eine Hängematte gebunden werden kann. Das Bettlaken muss so hoch hängen, dass die Kinder es gerade noch mit den Fingerspitzen berühren können,
wenn sie darunter stehen. Die aufgeblasenen Luftballons werden in das Bettlaken gelegt.

Bewegungsablauf:
Die Kinder stellen sich unter das Bettlaken und
schütteln den Birnbaum, indem sie unter dem Bettlaken hochspringen und dabei mit den Händen ge-
gen das Tuch stoßen. Die Luftballons fallen nach
und nach heraus, bis alle Birnen vom Baum ge-
schüttelt sind.

Förderbereiche:
- Hüpfen / Springen
- Auge-Hand-Koordination

Waldbeeren sammeln

Alter: ab 2 Jahren
Material: 3 große Kasteninnenteile, 1 Teppichrohr (1 m lang), doppelseitiges Kreppklebeband,
viele rote Filzkugeln, 1 Körbchen

Aufbau:
Die drei Kasteninnenteile werden der Länge nach
hintereinander auf den Boden gelegt. Das mittlere
Teil wird angehoben und die beiden äußeren Kastenteile etwas herangerückt, sodass das mittlere
Teil beidseitig auf die Holzzapfen der äußeren Teile
gesteckt werden kann.
In der Verlängerung der Kastenteile wird in etwa
1 m Entfernung das Teppichrohr aufgestellt und
mit dem Kreppband spiralförmig umschlungen,
wobei die Klebeschicht nach außen zeigt. Darauf
werden die Filzkugeln gedrückt. Das Körbchen
wird mit etwas Entfernung zum Rohr aufgestellt.

Bewegungsablauf:
Die Kinder sind im Wald unterwegs, um Beeren zu
sammeln. Sie müssen dabei zunächst über Äste,
Baumstämme und das Unterholz steigen und kriechen, indem sie die Kasteninnenteile überwinden,
um endlich zu den Beeren zu gelangen. Am Bee-
renstrauch angekommen ziehen sie vorsichtig eine
Filzkugel-Beere ab und bringen sie zum Körbchen.

Förderbereiche:
- Steigen / Klettern
- Gehen
- Feinmotorik

Hier spinnt die Spinne

Im Spinnennetz

Alter: ab 1,5 Jahren
Material: Kreppband; evtl. Schnur oder Wolle

Aufbau:
Auf den Boden wird aus Kreppband ein Spinnennetz mit 3 m Ø aufgeklebt.

Bewegungsablauf:
Die Kinder balancieren wie eine Spinne auf den Fäden des Netzes. Wenn sie eine andere Spinne treffen, muss eine von beiden auf einen anderen Faden ausweichen. Die Kinder balancieren je nach Können vorwärts, seitwärts oder sogar ein paar Schritte rückwärts.

Varianten
- Die Kinder gehen oder hüpfen als Fliegen von Zwischenraum zu Zwischenraum des Netzes.
- Für **ältere Kinder** wird das Netz aus Schnur oder Wolle auf den Boden gelegt.

Förderbereiche:
- Gehen / Balancieren
- Koordination
- Orientierungsfähigkeit
- evtl. Hüpfen

Spinnengang

Alter: ab 2 Jahren
Material: 2 Turnbänke, 6–8 Seile

Aufbau:
Die beiden Turnbänke werden als enge Gasse parallel zueinander aufgestellt. Die Seile werden in Verlängerung der Bänke in einem weiten Bogen ausgelegt, sodass das Seilende wieder zur Turnbankgasse zurückführt.

Bewegungsablauf:
Die Kinder gehen auf allen Vieren mit durchgedrückten Beinen durch die Gasse, ohne die Turnbänke zu berühren. Auf dem Seil laufen sie seitlich weiter wie auf einem Spinnennetzfaden, die Hände auf einer Seite, die Füße auf der anderen Seite der Netzfäden, bis sie zur Gasse zurückkommen.

Förderbereiche:
- Krabbeln / Kriechen
- Beweglichkeit
- Kräftigung der Armmuskulatur
- Koordination

Spinnenbeutefang

Alter: ab 2,5 Jahren
Material: 2 große Kastenteile, 2 kleine Kästen, 2 Turnmatten, Sprossenwand, Turnleiter, Ringpaar, Weichbodenmatte, Kreppband, schwarze Pfeifenreiniger, 1 Fliegenklatsche pro Kind

Aufbau:
Alle Geräte und Matten werden im Raum verteilt. Auf den Weichboden wird mit Kreppband ein großes Spinnennetz geklebt. Die Pfeifenreiniger werden zu kleinen Fliegen zusammengedreht und auf allen Geräten oder Matten ausgelegt. An die Sprossenwand und die Ringe werden einige Fliegen mit Kreppband festgeklebt.

Bewegungsablauf:
Die Kinder gehen mit Fliegenklatschen ausgestattet als Spinnen auf Beutefang. Sie fangen die Fliegen von den Geräten und transportieren sie mit der Fliegenklatsche zum Spinnennetz. Dort legen sie die Fliegen auf den Fäden als Beute ab.

Förderbereiche:
- Gehen / Balancieren
- Klettern / Steigen
- Orientierungsfähigkeit
- Auge-Hand-Koordination

Der Spinnenschritt

Alter: ab 2,5 Jahren

Die Kinder stehen im Kreis und sprechen gemeinsam mit der Spielleitung folgenden Spruch:

Der Spinnenschritt, der Spinnenschritt,
der macht die Spinne fit.
Alle Kinder gehen hintereinander auf der Kreisbahn, bleiben stehen und gucken zur Kreismitte.

Hebe achtmal hoch das Bein:
eins und zwei und drei und vier und fünf und
sechs und sieben und acht,
das hat die Spinne fit gemacht.
Die Kinder heben abwechselnd viermal das rechte und viermal das linke Bein nach vorn hoch.

Der Spinnenschritt, der Spinnenschritt,
der macht die Spinne fit.

Beuge achtmal jetzt die Knie:
eins und zwei und drei und vier und fünf und
sechs und sieben und acht,
das hat die Spinne fit gemacht.
Die Kinder beugen achtmal die Knie.

Der Spinnenschritt, der Spinnenschritt,
der macht die Spinne fit.

Strecke achtmal die Arme in die Höh':
eins und zwei und drei und vier und fünf und
sechs und sieben und acht,
das hat die Spinne fit gemacht.
Die Kinder strecken achtmal die Arme nach oben.

Der Spinnenschritt, der Spinnenschritt,
der macht die Spinne fit.

Dreh' dich achtmal auf dem Po:
eins und zwei und drei und vier und fünf und
sechs und sieben und acht,
das hat die Spinne fit gemacht.
Die Kinder setzen sich auf den Po und drehen sich um sich selbst.

Der Spinnenschritt, der Spinnenschritt,
der macht die Spinne fit!

Förderbereiche:
- Beweglichkeit
- Kräftigung der Muskulatur
- Rhythmusgefühl
- Koordination
- Ausdauer

Vom Keller bis zum Dach

Fingerspiel

Die Kinder sitzen im Langsitz im Kreis auf dem Boden und spielen den Text mit den Fingern auf ihrem Körper nach.

Seht nur hier die kleinen Dinger:
Zappelig sind unsre Finger.
die Finger zeigen und damit zappeln

Sie steigen die Treppe auf und ab,
so halten sie sich stets auf Trab.
mit den Fingern den Köper hinauf und bis zu den Füßen hinabsteigen

Sie klettern auf des Hauses Spitze,
erzählen sich dort tolle Witze.
mit den Fingern auf den Kopf laufen

Die Finger lachen sich ganz schlapp,
und steigen dann zum Keller hinab.
mit den Fingern in den Haaren wuscheln und wieder am Körper hinunterlaufen

Bis ganz nach unten müssen sie geh'n
und kommen an bei unsren Zeh'n.
mit den Fingern die Beine nach unten laufen bis zu den Zehen

Sie stecken ihre Köpfe dazwischen,
nun können sie nicht mehr entwischen.
die Finger in die Zehenzwischenräume stecken

Da haben die Finger eine Idee:
Sie kitzeln die Füße, juchheißa, juchhee!
mit den Fingerspitzen an den Zehen oder Fußsohlen kitzeln

Befreit laufen sie von dort unten weg,
und ruhen sich aus in ihrem Versteck.
die Beine nach oben laufen und die Hände hinter dem Rücken verstecken

Bodentreppe

Alter: ab 1,5 Jahren
Material: großer Kasten, Sprossenwand, Turnleiter, 2 Turnmatten

Aufbau:
Der Kasten wird mit einer schmalen Seite vor die Sprossenwand gestellt. Auf der gegenüberliegenden Seite wird die Turnleiter eingehängt. Unter die Turnleiter und neben den Kasten wird jeweils eine Turnmatte ausgelegt.

Bewegungsablauf:
Die Kinder steigen auf den Dachboden. Dazu klettern sie die Bodentreppe in Form der Turnleiter hinauf auf den Kasten und klettern an der Sprossenwand wieder vom Dachboden herunter.

Förderbereiche:
• Steigen / Klettern

Speicher-Gerümpel

Alter: ab 2 Jahren
Material: viele Kartons in verschiedenen Größen (von Schuh- bis Umzugskarton)

Die Kinder spielen frei mit den im Raum stehenden Kartons; die Umzugskartons sind geöffnet. Sie können die Kartons z. B. stapeln und hineinlaufen, sodass der Stapel umfällt. Sie können sich mithilfe der Spielleitung kleine Schlupflöcher bauen und hindurchrobben oder sie kriechen durch die geöffneten Kartons.

Förderbereiche:
• Krabbeln / Kriechen / Klettern
• Beweglichkeit
• Koordination
• Orientierungsfähigkeit

Wäsche aufhängen

Alter: ab 2 Jahren
Material: großer Kasten, 2 Turnbänke, 2 Slalomständer, Schnur, 3–5 Turnmatten, einige Wäschestücke oder Tücher, viele Wäscheklammern

Aufbau:
Der große Kasten wird zunächst ohne Deckel aufgestellt. Eine Turnbank wird umgedreht und mit einer Seite an eine lange Kastenseite mit dem Holzhaken auf den Kastenrand gelegt, sodass der Haken leicht in den offenen Kasten hineinragt. Der Kastendeckel wird schräg aufgelegt, sodass er in die Holzzapfen der Kasteninnenteile greift. Von der anderen Kastenseite wird die zweite Bank mit einer Seite auf den Kastendeckel aufgelegt.
Vor einer Schmalseite des Kastens werden die beiden Slalomstangen aufgestellt und die Schnur dazwischen gespannt. Unter den Bänken werden die Turnmatten ausgelegt. Neben der ersten Bank liegen die Wäschestücke und die Wäscheklammern auf dem Boden bereit.

Bewegungsablauf:
Die Kinder haben Wäsche gewaschen und wollen diese auf dem Trockenboden aufhängen. Sie nehmen sich ein Wäschestück und eine oder zwei Wäscheklammern und gehen damit auf der breiten Seite der Bank nach oben, wobei sie sich mit den Händen an der schmalen Seite festhalten. Auf dem Trockenboden angekommen klammern sie die Wäsche an der Schnur fest und rutschen die andere Bank nach unten.

Förderbereiche:
- Gehen / Balancieren
- Steigen / Klettern
- Feinmotorik
- Rutschen / Gleiten
- Koordination

Keller-Sperrmüll

Alter: ab 2 Jahren
Material: 1 Rollbrett, 1 langes Seil (mind. 6 m), mehrere Keksdosen

Aufbau:
An das Rollbrett wird das eine Endes des langen Seils gebunden und mit dem anderen Ende wird es durch eine Öse an der Wand oder um eine untere Sprosse der Sprossenwand etc. geführt. Das Seilende und das Rollbrett werden auf gleicher Höhe im Raum hingelegt bzw. -gestellt. Daneben werden die Keksdosen gestellt.

Bewegungsablauf:
Die Kinder haben den Keller entrümpelt und es hat sich eine Menge Sperrmüll angesammelt, den sie zur Deponie bringen. Dazu laden sie eine oder mehrere Keksdosen auf das Rollbrett und ziehen an dem losen Seilende. So fährt das Rollbrett bis zur Mülldeponie an der Wand, wo die Kinder die Keksdosen wieder abladen.

Förderbereiche:
- Koordination
- Gehen

WÄSCHE AUFHÄNGEN

BODENTREPPE

Hutparade

In den Hut

Alter: ab 2,5 Jahren
Material: 3 unterschiedlich große Hüte, mehrere kleine Bälle, mehrere Bohnensäckchen

Aufbau:
Die Hüte werden in einer Reihe mit etwas Abstand zueinander mit der Öffnung nach oben auf den Boden gestellt. In 1–2 m Entfernung werden die Bälle und die Bohnensäckchen bereitgelegt.

Bewegungsablauf:
Die Kinder werfen die Bälle oder die Säckchen in die Hüte. Wer trifft auch den kleinsten Hut?

Förderbereiche:
• Werfen / Zielwurf

Hut balancieren

Alter: ab 2 Jahren
Material: Weichbodenmatte, 1 Turnbank, 1 Hut

Aufbau:
Die Bank wird mit der breiten Seite komplett auf den Weichboden gelegt.

Bewegungsablauf:
Ein Kind setzt den Hut auf und balanciert über die breite Bankseite ohne den Hut zu verlieren. Dabei hält es sich an der schmalen Bankseite fest.

Förderbereiche:
• Gehen / Balancieren

Hut auf

Alter: ab 2,5 Jahren
Material: großer Kasten, 1 Turnbank, 1 Turnmatte, 3 unterschiedlich große Bälle, 3 unterschiedlich große Hüte

Aufbau:
Der Kasten wird ohne Deckel aufgestellt und der Deckel an einer schmalen Seite mit zwei Holzzapfen in das Kasteninnenteil eingehängt, sodass er schräg zum Boden führt. Auf der anderen Kastenseite wird die Turnbank mit einer Seite in die Kastenwand eingehängt. In den offenen Kasten wird die Turnmatte eingewölbt. Die drei Bälle werden neben die Bank und die drei Hüte neben den Kastendeckel gelegt.

Bewegungsablauf:
Die Kinder setzen sich einen Hut auf und steigen damit den Kastendeckel nach oben. Sie rutschen im Reitersitz über die eingewölbte Turnmatte, bis sie die Bank nach unten rutschen. Dort angekommen setzen sie den Hut auf einen passenden Ball.

Förderbereiche:
• Steigen / Klettern
• Rutschen / Gleiten
• Koordination

Über die Hüte

Alter: ab 1,5 Jahren
Material: 5 Hüte

Aufbau:
Die Hüte werden in einer Reihe mit einem Abstand von ca. 1,5 m zueinander auf den Boden gelegt.

Bewegungsablauf:
Die Kinder steigen, hüpfen oder springen über die Hüte, sie laufen zwischen den Hüten hindurch oder im Slalom um die Hüte herum.

Förderbereiche:
• Hüpfen / Springen
• Steigen
• Gehen / Laufen

Im Herbstwald

Der Wind kommt

Alter: ab 1,5 Jahren
Material: 1 Plakatbogen, Stifte (oder Kreide), viele Keulen, viele Wolldecken, Tamburin

Aufbau:
Die Spielleitung malt auf das Plakat ein einfaches großes Haus und hängt es an einer Wand gut sichtbar auf. (Wenn vorhanden malt sie das Haus mit Kreide auf eine Wandtafel.)
Die Keulen werden überall im Raum aufgestellt. An einer Stelle werden viele Wolldecken auf einen Haufen gelegt.

Bewegungsablauf:
Die Kinder gehen zum Rhythmus des Tamburins durch den Raum zwischen den Bäumen, den Kegeln, spazieren. Stoppt die Spielleitung das Tamburin und ruft: *„Der Wind kommt!"*, stellen sich die Kinder an einen Baum. Erklingt das Tamburin erneut, gehen alle wieder durch den Raum.
Bei: *„Der Sturm kommt!"* laufen die Kinder zum aufgemalten Haus an der Raumwand. Bei: *„Der Orkan tobt!"* kriechen alle unter die Decken.
Die Spielleitung wiederholt die Zurufe mehrere Male. Finden alle Kinder immer den passenden Schutz vor dem Wind?

Förderbereiche:
- Gehen / Laufen
- Rhythmusgefühl
- Reaktionsvermögen
- Orientierungsfähigkeit

Laubfall

Alter: ab 1,5 Jahren
Material: Malerfolie, trockenes Laub

Die Kinder stellen sich um die Folie herum und halten sie mit beiden Händen fest, während die Spielleitung Laub darauf schüttet. Durch das Auf- und Abschwingen der Folie wird das Laub nach oben gewirbelt. Können alle Blätter wieder auf der Folie landen?

Variante
Einige Kinder legen sich auf die Folie und werden vorsichtig mit dem Laub bedeckt.

Förderbereiche:
- Koordination
- Grobmotorik

Hochsitz

Alter: ab 2 Jahren
Material: Sprossenwand, großer Kasten, 1 Turnbank, 1 lange Küchenpapierrolle, 2 Turnmatten

Aufbau:
Der große Kasten wird als Hochsitz quer vor die Sprossenwand gestellt. Von der anderen Seite wird die Turnbank mit einer Seite aufgelegt. Auf dem Kasten liegt die Papierrolle bereit und unter der Bank und neben dem Kasten werden Matten ausgelegt.

Bewegungsablauf:
Die Kinder klettern über die Turnbank, die Leiter, auf den Hochsitz. Dort nehmen sie das Fernrohr und gucken in den Wald hinunter. Was können sie alles entdecken?
Am Ende klettern sie am Rand der Sprossenwand zu Boden.

Förderbereiche:
- Gehen / Balancieren
- Steigen / Klettern
- visuelle Wahrnehmung

Pilze suchen

Alter: ab 2,5 Jahren
Material: 1 Toilettenpapierrolle pro Kind, braunes DIN-A4-Tonpapier, Klebstoff, ca. 100 weiße Klebepunkte (Schreibwarenladen), Tamburin, 1 Turnmatte

Aufbau:
Auf jede Toilettenpapierrolle wird ein kreisförmiger Hut mit einem Durchmesser von ca. 10 cm aus braunem Tonpapier geklebt.
Diese Papier-Pilze werden überall im Raum verteilt. Die weißen Klebepunkte werden auf der Matte in einer Raumecke abgelegt.

Bewegungsablauf:
Die Kinder gehen zum Rhythmus des Tamburins im Pilzwald spazieren. Stoppt das Tamburin, pflücken sie einen Pilz und gehen damit zur Matte. Dort kleben sie einige Punkte auf den Pilz und bringen ihn an seinen Platz zurück. Ein neuer Spaziergang beginnt. Wann haben alle Pilze weiße Punkte?

Förderbereiche:
- Raumwahrnehmung
- Rhythmusgefühl
- Reaktionsvermögen
- Feinmotorik

Ri, Ra, Regenwetter

Heute fallen Regentropfen

Nr. 11

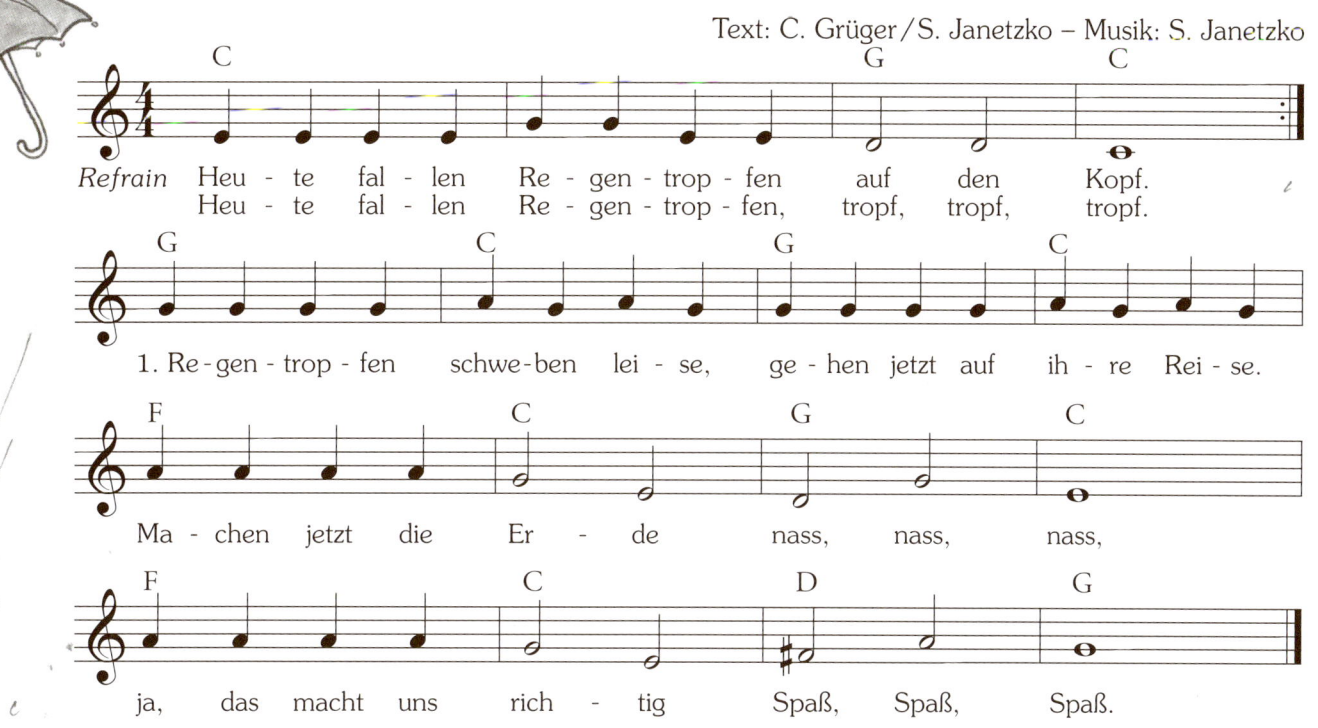

Text: C. Grüger / S. Janetzko – Musik: S. Janetzko

C | G | C

Refrain Heu - te fal - len Re - gen - trop - fen auf den Kopf.
Heu - te fal - len Re - gen - trop - fen, tropf, tropf, tropf.

G | C | G | C

1. Re - gen - trop - fen schwe - ben lei - se, ge - hen jetzt auf ih - re Rei - se.

F | C | G | C

Ma - chen jetzt die Er - de nass, nass, nass,

F | C | D | G

ja, das macht uns rich - tig Spaß, Spaß, Spaß.

Alter: ab 2 Jahren
Ausgangsposition: Alle Kinder stehen im Kreis.

Refrain:
Heute fallen Regentropfen
auf den Kopf.
Heute fallen Regentropfen,
tropf, tropf, tropf.

die Finger tippen auf den Kopf

1. Regentropfen schweben leise,
gehen jetzt auf ihre Reise.
Machen jetzt die Erde nass, nass, nass,
ja, das macht uns richtig Spaß, Spaß, Spaß.

die Finger schweben vom Kopf herunter
und tippen sacht auf den Boden

Refrain:
Heute fallen Regentropfen …

2. Regentropfen fallen schwer,
kommen groß vom Himmel her.
Machen jetzt die Erde nass, nass, nass,
ja, das macht uns richtig Spaß, Spaß, Spaß.

die Finger fallen zu Boden
und tippen kräftig darauf

Refrain:
Heute fallen Regentropfen …

3. Regentropfen prasseln nieder,
und sie tun es immer wieder.
Machen jetzt die Erde nass, nass, nass,
ja, das macht uns richtig Spaß, Spaß, Spaß.

*die Finger fallen schneller zu Boden und
tippen laut und schnell darauf*

Refrain:
Heute fallen Regentropfen …

4. Regentropfen knallen laut,
als ob's auf die Erde haut.
Machen jetzt die Erde nass, nass, nass,
ja, das macht uns richtig Spaß, Spaß, Spaß.

*die Finger fallen zu Boden und
die ganze Handfläche klatscht auf den Boden*

Refrain:
Heute fallen Regentropfen …

5. Regentropfen machen Pause,
bleiben nun auch mal zu Hause.
Machen nicht die Erde nass, nass, nass –
Pfützenspringen macht jetzt Spaß, Spaß, Spaß.

die Finger vor dem Körper halten und kreisen

in die Hände klatschen

Regenschirm-Spaziergang

Alter: ab 1,5 Jahren
Material: 2 kleine Kästen, 1 Turnbank, großer
zweiteiliger Kasten, Weichbodenmatte, 1 Kinder-
schirm

Förderbereiche:
- Gehen / Balancieren
- Gleichgewichtssinn
- Niederspringen

Aufbau:
Ein kleiner Kasten wird hochkant hinter den zweiten gestellt, sodass zwei Stufen entstehen. Die
Turnbank wird vor die Kästen gestellt und der große Kasten quer dahinter. Hinter dem Kasten wird
der Weichboden ausgelegt.

Bewegungsablauf:
Die Kinder balancieren mit dem Regenschirm in
der Hand über die Bank und weiter die Kastentreppe zum großen Kasten hinauf. Auf dem Kasten gucken sie sich nach Regenpfützen um und springen
mit dem Schirm vom Kasten mitten in eine große
blaue Pfütze hinein.

REGENSCHIRM - SPAZIERGANG

Regen und Matsch

Alter: ab 1,5 Jahren
Material: mind. 4 große Plastikschüsseln, Seesand, 1 Joghurtbecher pro Kind, 1 Wassereimer

Aufbau:
Die Schüsseln werden mit dem Sand gefüllt und in eine Reihe mit ca. ½ m Abstand zueinander aufgestellt. Der Eimer wird mit Wasser gefüllt und 1 m vor der ersten Schüssel platziert.

Bewegungsablauf:
Jedes Kind nimmt einen Joghurtbecher und füllt diesen im Eimer mit etwas Wasser. Die Kinder gehen mit ihrem gefüllten Becher im Slalom um die Schüsseln herum und schütten Wasser in die Schüsseln. Der Becher wird an der Startlinie neu gefüllt und der Slalomgang geht weiter.
Hierzu sprechen alle gemeinsam mit der Spielleitung mehrere Male den folgenden Spruch:

„Pitsche, Pitsche, Patsch,
ich laufe durch den Matsch.
Der Regen weicht den Boden auf,
ich gehe mit den Füßen drauf.
Pitsche, Pitsche, Patsch,
ich laufe durch den Matsch."

Wenn der Sand nass genug ist, werden die Schüsseln eng aneinandergestellt und die Kinder waten barfuß durch die Schüsselreihe.

Förderbereiche:
* Auge-Hand-Koordination
* Gehen
* Koordination
* Orientierungsfähigkeit
* Tastsinn

Regenwassertransport

Alter: ab 2,5 Jahren
Material: großes Kasteninnenteil, 1 Turnmatte, mehrere Joghurtbecher, Tau, 2 Wassereimer

Aufbau:
Das Kastenteil wird als breites Tor aufgerichtet hingestellt und eine Matte zur Stabilisierung hineingelegt. Dahinter stehen ein Eimer mit Wasser und die Joghurtbecher bereit. Das Tau wird schlangenförmig ausgelegt. Ein leerer Eimer steht am Ende des Parcours.

Bewegungsablauf:
Die Kinder kriechen durch das Tor hinaus ins Regenwetter. Sie nehmen sich einen Becher und füllen diesen mit etwas Wasser auf. Sie balancieren ihn vorsichtig über das Regenrinnen-Tau zum bereitstehenden Eimer und kippen das Wasser hinein.

Förderbereiche:
* Krabbeln / Kriechen
* Auge-Hand-Koordination
* Gehen / Balancieren

Regenfall

Alter: ab 2,5 Jahren
Material: Malerfolie, Trockentuch

Die Kinder stellen sich um die Malerfolie herum auf und halten sie fest in beiden Händen. Die Spielleitung gießt ein klein wenig Wasser auf die Folie. Die Kinder lassen das Wasser über die Folie hin- und herlaufen und sprechen dazu:

„Das Wasser läuft hier hin und her,
manchmal fließt es bis ins Meer.
Meine Augen seh'n gespannt:
Heute läuft es bis zum Rand."

Diesen Spruch wiederholen die Kinder viele Male. Zum Schluss wird die Folie kräftig auf- und niedergeschüttelt, sodass das Wasser in kleinen Tröpfchen wegfliegt.
Hinweis: Die Spielleitung wischt danach den Boden trocken, damit keine Rutschgefahr besteht.

Förderbereiche:
* Koordination
* Grobmotorik
* Reaktionsvermögen

Wind, Wind, sause

Schäfchenwolke

Alter: ab 1 Jahr
Material: Ringpaar, 1 Bettlaken oder Hängematte, viele Wattebällchen

Aufbau:
Das Ringpaar wird auf Schulterhöhe der Kinder eingestellt und das Bettlaken zwischen den Ringen eingeknotet. Die Wattebällchen werden auf das Bettlaken gelegt.

Bewegungsablauf:
Die Kinder steigen in das Bettlaken und legen sich auf die weiche Schäfchenwolke. Die Spielleitung schaukelt das Laken leicht an.

Förderbereiche:
- Steigen / Klettern
- Schaukeln / Schwingen

Wind pustet durchs Laub

Alter: ab 2 Jahren
Material: getrocknete Blätter, 1 Pappteller, Klebeband

Aufbau:
Die getrockneten Blätter und der Pappteller werden auf den Boden gelegt. In ca. 2 m Entfernung wird mit dem Klebeband eine Ziellinie auf den Boden geklebt.

Bewegungsablauf:
Der Wind hat die Blätter von den Bäumen geweht und der Garten liegt voll davon. Die Kinder spielen GärtnerInnen, die das Laub zusammentreiben. Sie wedeln die Blätter mit dem Pappteller über die Ziellinie und gehen ihnen dabei immer hinterher. Schaffen sie es, das ganze Laub zu einem Haufen zusammenzuwedeln?

Förderbereiche:
- Gehen
- Auge-Hand-Koordination
- Orientierungsfähigkeit

Wolken ziehen am Himmel

Alter: ab 2,5 Jahren
Material: 1 Rollbrett

Die Kinder spielen eine Wolke und legen sich mit dem Rücken oder dem Bauch auf das Rollbrett dicht vor eine Wand. Sie stoßen sich mit den Füßen ab und genießen das freie Gleiten.

Förderbereiche:
- Rutschen / Gleiten

Wirbelwind

Alter: ab 1,5 Jahren
Material: 1 Gymnastikband oder Jongliertuch; evtl. Instrumentalmusik mit Naturklängen zum Thema Wind

Jedes Kind geht oder läuft mit einem Band frei durch den Raum. Dabei drehen die Kinder ihr Band nach ihren Wünschen und lassen es hinter sich her flattern. Die Spielleitung kann zur Unterstützung der Bewegung passende Instrumentalmusik einschalten.

Förderbereiche:
- Gehen / Laufen
- Koordination

Kastanie, Eichel & Co

Eichhörnchen und Eichel

Alter: ab 1,5 Jahren
Material: Sprossenwand, 1 kleiner Kasten, Minitrampolin, Weichbodenmatte, 2 Körbchen, Schnur, viele Eicheln

Aufbau:
Der kleine Kasten wird gegenüber der Sprossenwand aufgestellt und das Minitrampolin mit der hohen Seite davor. Vor dem Trampolin liegt der Weichboden. An die Sprossenwand wird auf Kopfhöhe der Kinder ein Korb mit Eicheln befestigt. An einer Raumseite steht ein leeres Körbchen bereit.

Bewegungsablauf:
Die Kinder werden zu Eichhörnchen und klettern auf den kleinen Kasten. Sie stellen sich auf das Trampolin und federn einige Male, um dann mit einem Sprung auf dem Weichboden zu landen. Die Eichhörnchen laufen zum Korb an der Sprossenwand, klettern hinauf und nehmen sich eine Eichel. Diese bringen sie schnell zum leeren Vorratskorb.

Förderbereiche:
* Klettern / Steigen
* Gehen / Laufen
* Hüpfen / Springen / Niederspringen
* Orientierungsfähigkeit

Kastanienrutsche

Alter: ab 1,5 Jahren
Material: Sprossenwand, 1 Turnbank, 2 Körbe, viele Kastanien, Drainagerohr, 2 Turnmatten

Aufbau:
Die Turnbank wird mit einer Seite auf niedriger Höhe in die Sprossenwand eingehängt. Ein Korb mit Kastanien wird am unteren Ende der Turnbank bereitgestellt. Das Drainagerohr wird seitlich an der Sprossenwand befestigt und das untere Ende in den zweiten Korb geleitet.

Bewegungsablauf:
Die Kinder nehmen sich eine Kastanie aus dem Korb und krabbeln damit die Turnbank hinauf. Oben angekommen stecken sie die Kastanie in das Rohr, sodass diese in den Korb hineinkullert. Dann rutschen die Kinder die Bank wieder hinunter.

Förderbereiche:
* Krabbeln / Kriechen
* Auge-Hand-Koordination
* Rutschen / Gleiten

EICHHÖRNCHEN UND EICHEL

ZAPFENWURF

WALNUSS ROLLEN

Walnussrollen

Alter: ab 2 Jahren
Material: 4 Seile, 1 Korb mit Walnüssen,
2 Turnmatten

Aufbau:
Aus den vier Seilen wird eine schmale Seilgasse
gelegt, an deren Anfang der Korb mit Nüssen steht.
Hinter der Seilgasse liegen zwei Matten aneinan-
der.

Bewegungsablauf:
Die Kinder nehmen sich eine Walnuss aus dem
Korb und rollen sie durch die Seilgasse. Sie achten
darauf, dass die Nuss in der Gasse bleibt. Dann
nehmen sie die Nuss in die Hand und legen sich zu-
sammengekauert auf die Matte. Sie rollen selbst
wie eine kleine Nuss zum Ende der Mattenbahn.

Förderbereiche:
* Grob- und Feinmotorik
* Auge-Hand-Koordination
* Purzeln / Wälzen / Rollen

Zapfenwurf

Alter: ab 2 Jahren
Material: 1 Turnbank, 3 Körbe, viele Tannenzapfen

Aufbau:
Die Turnbank wird am Ende des Raums aufgestellt.
In ca. 2 m Entfernung werden davor die leeren
Körbe aufgestellt und die Tannenzapfen liegen auf
der Bank bereit.

Bewegungsablauf:
Die Kinder stellen sich hinter der Bank auf und
werfen von dort die Tannenzapfen in die Körbe.
Wenn alle Zapfen geworfen worden sind, sammeln
die Kinder die daneben gefallenen Zapfen wieder
auf und werfen diese noch einmal. Alle Zapfen sollen in die Körbe.

Förderbereiche:
* Werfen / Zielwurf

Berg und Tal

Alter: ab 1,5 Jahren
Material: 1 Turnbank, Weichbodenmatte, großer Kastendeckel, 3 Turnmatten

Aufbau:
Der Weichboden wird quer über die Turnbank gelegt. Im Anschluss daran werden zwei Matten gelegt und dahinter eine dritte Matte über den quer liegenden Kastendeckel gebreitet, sodass eine hügelige Strecke entsteht.

Bewegungsablauf:
Die Kinder erklimmen den großen Berg und lassen sich vom Gipfel in das Tal hinunterrollen. Den kleinen Berg krabbeln sie hinauf und rollen von oben wieder hinunter.

Förderbereiche:
- Krabbeln / Kriechen
- Purzeln / Wälzen / Rollen

Steinlawine

Alter: ab 1,5 Jahren
Material: großer zweiteiliger Kasten, Weichbodenmatte, viele verschiedene Bälle, 1 Korb, 1 Turnbank

Aufbau:
Der Kasten wird quer vor den Weichboden gestellt. Auf dem Kasten steht ein Korb mit vielen unterschiedlichen Bällen. Die Turnbank wird an der anderen Seite des Kastens mit einer Seite aufgelegt.

Bewegungsablauf:
Die Kinder gehen über den Weichboden und klettern auf den Kasten. Sie nehmen sich einen Ball, den sie als Stein über die schräge Bank herabrollen lassen, und rutschen dem Stein hinterher.

Förderbereiche:
- Gehen
- Klettern
- Auge-Hand-Koordination
- Rutschen / Gleiten

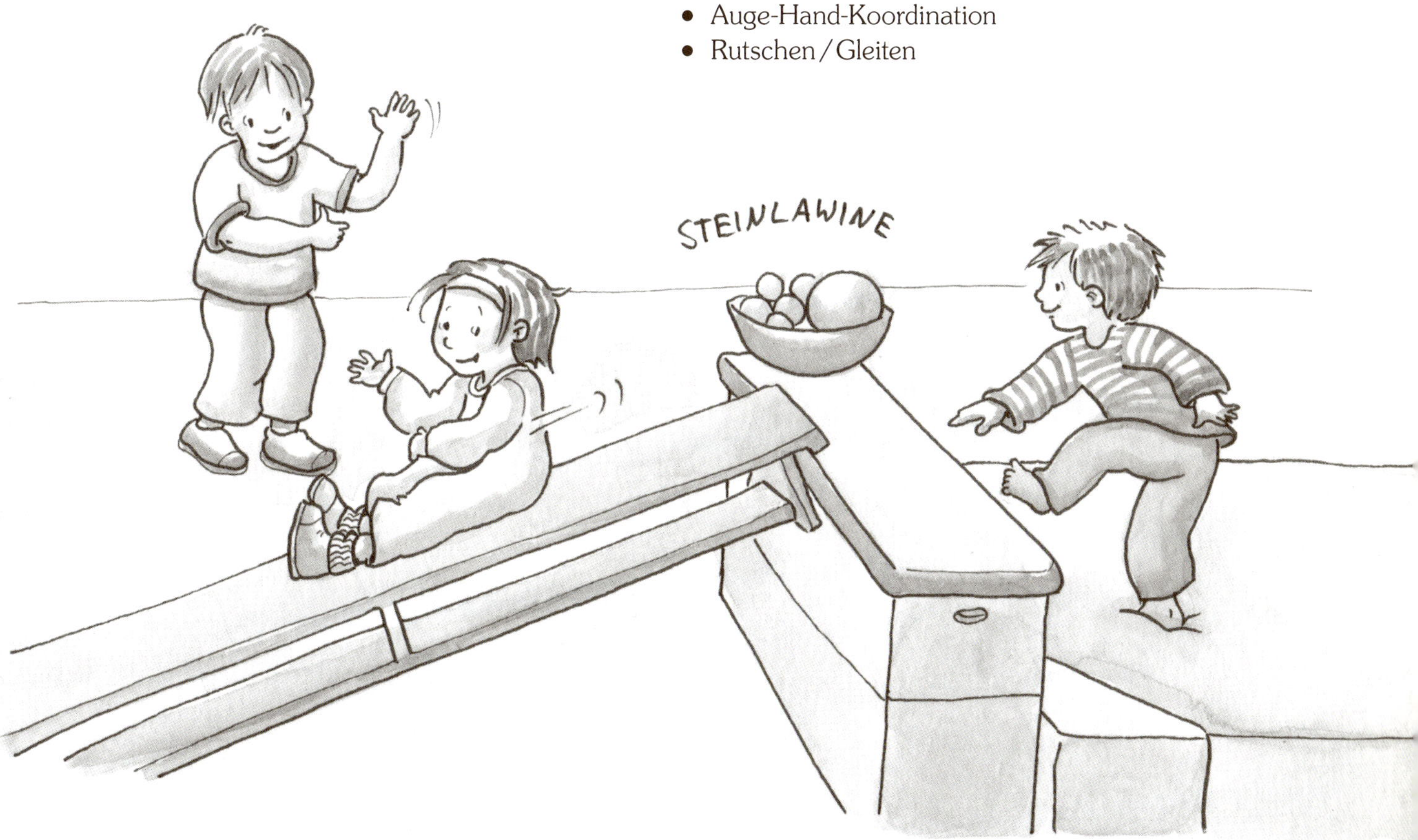

STEINLAWINE

Gipfelfahne

Alter: ab 2,5 Jahren
Material: großer Kasten, Sprossenwand, Weichbodenmatte, 1 Turnbank, 1 Chiffontuch pro Kind

Aufbau:
Der Kasten steht zur Hälfte quer vor der Sprossenwand. An der schmalen Kastenseite vor der Sprossenwand liegt der Weichboden, auf der anderen schmalen Seite wird die Turnbank in Verlängerung des Kastens auf den Boden gestellt.

Bewegungsablauf:
Ein Kind erhält ein Chiffontuch als Fahne. Es balanciert damit über die Bank und erklimmt schließlich den Gipfel des Berges, den Kasten. Dort oben hängt es die Fahne über eine Sprosse der Sprossenwand. Vom Gipfel des Berges springt es auf den Weichboden hinunter.

Förderbereiche:
- Balancieren
- Klettern
- Auge-Hand-Koordination
- Niederspringen

Felsen stapeln

Alter: ab 2 Jahren
Material: viele große Bälle (z. B. Volleyball, Gymnastikball …), viele Tennisringe

Aufbau:
Die Bälle und Tennisringe werden im ganzen Raum verstreut ausgelegt.

Bewegungsablauf:
Die Kinder stapeln mithilfe der Tennisringe jeweils zwei Felsbrocken aufeinander: Zuunterst legen sie einen Tennisring, darauf einen Ball, darüber wieder einen Ring und darauf noch einen Ball. Sind alle Felsen gestapelt, kippen die Kinder sie wieder um.

Förderbereiche:
- Balancieren / Geschicklichkeit
- Auge-Hand-Koordination

GIPFELFAHNE

Hexen und Zauberer

Hase im Hut

Alter: ab 2,5 Jahren
Material: Kriechtunnel, 3 Gymnastikseile,
1 kleiner Kasten

Aufbau:
Mithilfe der Gymnastikseile wird der Kriechtunnel auf Höhe des kleinen Kastens zusammengebunden und beide nebeneinander aufgestellt.

Bewegungsablauf:
Ein Kind steigt als Häschen in den Kriechtunnel, den Zylinder. Es macht sich zunächst ganz klein, sodass es im Hut verborgen ist. Ruft die Spielleitung gemeinsam mit den anderen Kindern laut: „Simsalabim", stützt sich das Hasenkind mit den Händen auf den kleinen Kasten und springt aus dem Hut heraus!

Förderbereiche:
- Steigen/Klettern
- Hüpfen/Springen

Hexentrank brauen

Alter: ab 1,5 Jahren
Material: Kriechtunnel, 3 Seile, 1 Gymnastikstab, pro Kind je 1 Wäscheklammer, 1 dunkles Tuch, 1 Luftballon und 1 Tischtennisball

Aufbau:
Der Kriechtunnel wird wie in der Station „Hase im Hut" (s.o.) in der Raummitte aufgebaut. Daneben wird der Gymnastikstab bereitgelegt. In jede Raumecke wird pro Kind eines der Kleinmaterialien gelegt.

Bewegungsablauf:
Ein Kind holt aus jeder Raumecke eine Hexentrank-Zutat und bringt diese zum Kriechtunnel, dem Hexenkessel: Tischtennisbälle als Gespensteraugen, Ballons als Dino-Eier, Tücher als Fleder-

mausflügel und Wäscheklammern als Fischschwänze. Liegen alle vier Zutaten darin, rührt der Braumeister mit dem Kochlöffel-Stab alles sorgfältig um, damit der Hexentrank seine volle Wirkung entfaltet.

Förderbereiche:
- Gehen
- Orientierungsfähigkeit
- Auge-Hand-Koordination
- Grobmotorik

Zauberhöhle

Alter: ab 1,5 Jahren
Material: großer Kasten, 1 Turnbank, 2 kleine Kästen, Weichbodenmatte, 2 Turnmatten, 2 Stühle, 1 Wolldecke, fluoreszierende Steine, 1 dunkles großes Bettlaken

Aufbau:
Die Bank wird mit einer Seite mit dem Holzhaken an einer Querseite des großen Kastens eingehängt oder dort aufgelegt. Darunter wird eine Matte ausgelegt. Auf der anderen Kastenseite werden die beiden kleinen Kästen mit einem Abstand von 1,5 m zum großen Kasten direkt nebeneinander aufgestellt. Der Weichboden wird schräg an den großen Kasten und die beiden kleinen Kästen gelehnt. Am Ende des Weichbodens wird die zweite Matte ausgelegt. Dahinter werden die beiden Stühle mit der Lehne zueinander hingestellt, sodass dazwischen eine Lücke von mind. 1 m bleibt. Über die Stuhllehnen wird die Decke gebreitet und die fluoreszierenden Steine kommen unter die Stühle.

Bewegungsablauf:
Die Kinder machen sich auf den Weg zur Zauberhöhle. Dazu krabbeln oder gehen sie die Bank nach oben auf den Hügel, von wo aus sie die Höhle sehen können. Sie rutschen auf der Weichbodenmatte den Berg nach unten und durch die Wolldecke hindurch in die Zauberhöhle. Dort nehmen

sie sich einen der Zaubersteine und krabbeln mit ihrem Schatz auf der anderen Seite der Höhle wieder hinaus. Ist kein Zauberstein mehr in der Höhle, setzen sich alle Kinder zusammen mit der Spielleitung unter das dunkle Tuch und bestaunen die fluoreszierenden Steine.

Förderbereiche:
- Krabbeln / Kriechen
- Gehen / Balancieren
- Rutschen / Gleiten

Hexenbesen reiten

Alter: ab 2 Jahren
Material: Ringpaar, 2 Gymnastikseile, 1 Abflussrohr, 1 Besen, 2 Turnmatten

Aufbau:
Das Ringpaar wird auf Hüfthöhe der Kinder eingestellt. Das Seil wird durch das Abflussrohr geführt und an den Ringen verknotet. Der Besen wird durch das Rohr gesteckt und ebenfalls mit einem Seil festgebunden. Die Turnmatten werden zur Absicherung auf den Boden unter die Ringe gelegt.

Bewegungsablauf:
Die Kinder setzen sich im Reitersitz auf das Rohr und schwingen hin und her wie kleine Hexen und Zauberer, die auf ihrem Besen reiten.

Förderbereiche:
- Schaukeln / Schwingen
- Gleichgewichtssinn

HEXENBESEN REITEN

ZAUBERHÖHLE

Laternenzeit

Laternen angeln

Alter: ab 1,5 Jahren
Material: 1 Turnbank, viele Laternen mit Draht-henkel, 1 Laternenstock pro Kind

Aufbau:
Die Turnbank wird in die Mitte des Raums gestellt und die Laternen mit hochstehenden Henkeln überall darum herum verteilt. Die Laternenstöcke werden am Draht leicht aufgebogen.

Bewegungsablauf:
Jedes Kind erhält einen Laternenstock. Die Kinder gehen im Raum umher, heben die Laternen mit ih-rem Stock hoch und tragen sie zu der Bank. Dort stellen sie sie alle in einer langen Reihe ab.

Förderbereiche:
- Gehen
- Auge-Hand-Koordination
- Orientierungsfähigkeit

Laternenumzug

Alter: ab 1,5 Jahren
Material: 1 Laterne pro Kind, viele Slalom-Hütchen, Laternenmusik

Aufbau:
Die Hütchen werden überall im Raum platziert.

Bewegungsablauf:
Alle Kinder erhalten eine Laterne und gehen zu ei-ner flotten Laternenmusik um die Hütchen herum. Bei Musikstopp stellen sie ihre Laterne neben ei-nem Hütchen ab und suchen sich eine neue Later-ne. Erklingt die Musik erneut, geht der Laternen-umzug weiter.

Förderbereiche:
- Gehen
- Rhythmusgefühl
- Reaktionsvermögen
- Orientierungsfähigkeit
- Koordination

Laternen-Hindernislauf

Alter: ab 2 Jahren
Material: Sprossenwand, 1 Turnbank, 2 Turn-matten, 1 kleiner Kasten, Seil, S-Haken, 1 Laterne pro Kind

Aufbau:
Die Turnbank wird in einiger Entfernung gegen-über der Sprossenwand aufgestellt. Hinter die Bank wird eine Matte gelegt. Auf halber Strecke zur Sprossenwand wird der kleine Kasten aufgestellt und dahinter eine zweite Matte ausgelegt. An einer Sprosse der Sprossenwand wird auf Kopfhöhe der Kinder ein Seil mit beiden Enden verknotet und da-ran viele kleine S-Haken aufgehängt.

LATERNEN - HINDERNISLAUF

Bewegungsablauf:
Die Kinder balancieren mit ihren Laternen über die Turnbank. Sie überwinden den kleinen Kasten und gehen weiter zur Sprossenwand. Dort nehmen sie den Stock der Laterne ab und hängen diese an einen der Haken.

Förderbereiche:
- Gehen / Balancieren
- Steigen
- Auge-Hand-Koordination

Sankt-Martin-Ritt

Alter: ab 2 Jahren
Material: mehrere Kartons, 1 kleiner Kasten, 1 Rollbrett, rutschfeste Matte, 1 Laterne

Aufbau:
Die Kartons werden als Hindernisse im Raum verteilt. Die rutschfeste Matte wird auf das Rollbrett gelegt und darauf der umgedrehte kleine Kasten gesetzt.

Bewegungsablauf:
Ein Kind setzt sich als St. Martin im Reitsitz auf den Rand des kleinen Kastens mit einer Laterne in der Hand. Zwei andere Kinder schieben Pferd und Reiter von einer Raumseite ausgehend durch den Hindernisparcours auf die andere Seite. Dort steigt St. Martin vom Pferd, stellt seine Laterne ab und die Kinder tauschen die Rollen.

Förderbereiche:
- Gleiten
- Körperspannung
- Koordination
- Kräftigung der Armmuskulatur
- Orientierungsfähigkeit

SANKT-MARTIN-
RITT

46 Riesen und Zwerge

Riesen und Zwerge

Nr. 12

Text: C. Grüger / S. Janetzko – Musik: S. Janetzko

Refrain Rie - sen gehn mit Rie - sen - schrit - ten, Rie - sen kom - men schnell vo - ran.

Zwer - ge ma - chen Tip - pel - schrit - te, kom - men ganz ge - nau so an.

1. Rie - sen kom - men hoch hi - naus, hoch hi - naus, hoch hi - naus.

Zwer - ge sind flink wie 'ne Maus, ei - ne Maus, ei - ne Maus.

Alter: ab 2 Jahren

Refrain:
Riesen gehn mit Riesenschritten,
Riesen kommen schnell voran.
Zwerge machen Tippelschritte,
kommen ganz genau so an.

mit großen Schritten durch den Raum gehen

durch den Raum tippeln; am Ende im Kreis aufstellen

1. Riesen kommen hoch hinaus,
hoch hinaus, hoch hinaus.
Zwerge sind flink wie 'ne Maus,
eine Maus, eine Maus.

Arme abwechselnd hochstrecken

schnell auf der Stelle laufen

Refrain:
Riesen gehn mit Riesenschritten ...

2. Riesen steigen über Pfützen,
über Pfützen, über Pfützen.
Zwerge wackeln mit den Mützen,
mit den Mützen, mit den Mützen.

die Knie abwechselnd hochheben

Zipfelmütze andeuten und mit dem Kopf wackeln

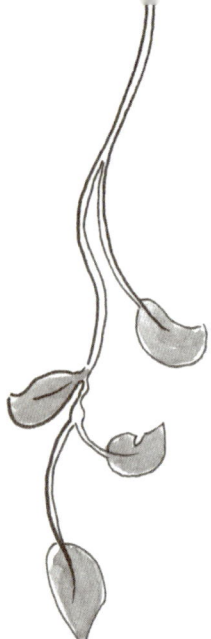

Refrain:
Riesen gehn mit Riesenschritten …

3. Riesen können ganz laut trampeln,
ganz laut trampeln, ganz laut trampeln.   *mit den Füßen auf den Boden stampfen*
Zwerge können dafür hampeln,
dafür hampeln, dafür hampeln.   *mit Armen und Beinen zappeln*

Refrain:
Riesen gehn mit Riesenschritten …

4. Riesen können rückwärtsgehen,
rückwärtsgehen, rückwärtsgehen.   *rückwärtsgehen*
Zwerge können sich gut drehen,
sich gut drehen, sich gut drehen.   *auf der Stelle um sich selbst drehen*

Refrain:
Riesen gehn mit Riesenschritten …

5. Riesen schlafen überall ein,
überall ein, überall ein.   *die Handflächen aneinanderlegen*
Zwerge woll'n in Höhlen rein,   *und eine Wange darauf ablegen*
Höhlen rein, Höhlen rein.   *auf den Boden hocken und die Augen schließen*

Refrain:
Riesen gehn mit Riesenschritten …

Gute Nacht!   *schnarchen*

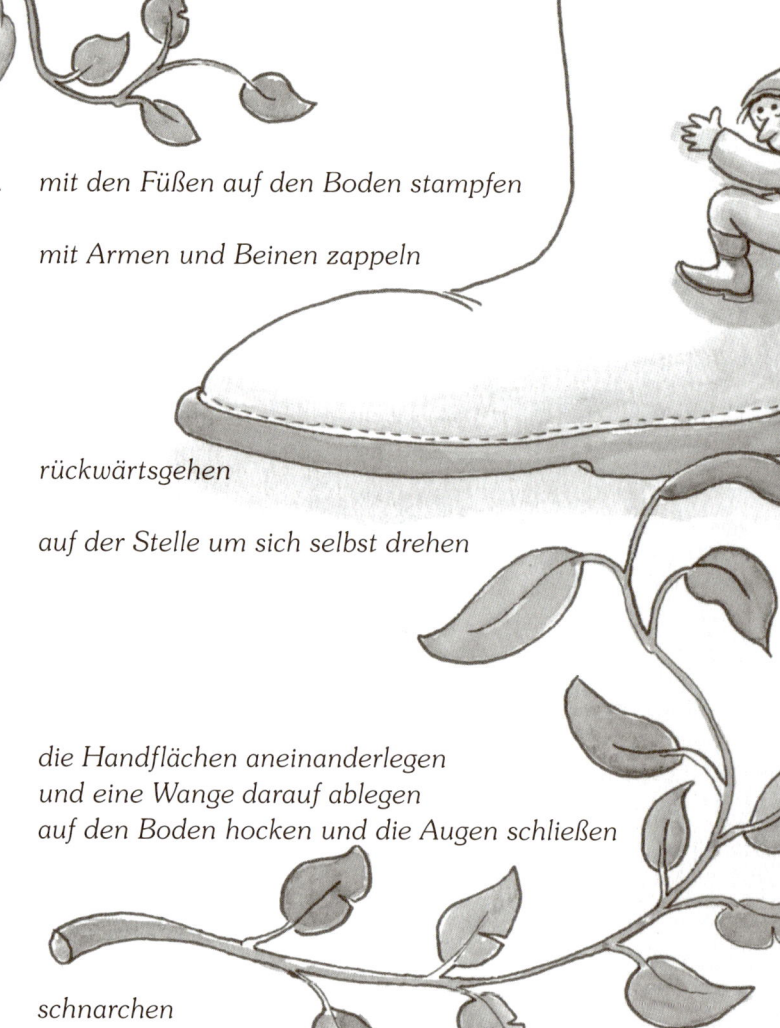

Zwergenhöhle

Alter: ab 1,5 Jahren
Material: großer Kastendeckel, 1 Turnmatte,
1 Mütze

Aufbau:
Der Kastendeckel wird mit dem Leder auf den Boden gelegt und die Turnmatte in den Deckel eingewölbt. Die Mütze wird danebengelegt.

Bewegungsablauf:
Ein Kind setzt sich die Zwergenmütze auf und steigt von der einen Seite in den Kastendeckel, die Zwergenhöhle. Es krabbelt hindurch und klettert auf der anderen Seite wieder heraus. Welcher Zwerg bekommt als nächster die Mütze?

Förderbereiche:
• Steigen / Klettern
• Krabbeln / Kriechen / Robben

ZWERGENHÖHLE

Zwergenhügel

Alter: ab 1 Jahr
Material: 2 kleine Kästen, Weichbodenmatte, 2–4 Turnmatten

Aufbau:
Die beiden kleinen Kästen werden direkt hintereinandergestellt. Die Weichbodenmatte wird quer über die kleinen Kästen gewölbt und die Station mit den Matten abgesichert.

Bewegungsablauf:
Die Kinder überwinden den Zwergenhügel, indem sie krabbeln, purzeln, rutschen, gehen oder sich wälzen.

Förderbereiche:
- Robben / Krabbeln / Kriechen
- Purzeln / Wälzen / Rollen
- Rutschen / Gleiten

Riesenberg

Alter: ab 2 Jahren
Material: großer Kasten ohne Deckel, Turnleiter, 1 Turnbank, 4 Turnmatten

Aufbau:
Die Turnleiter wird von der einen Querseite in den Kasten eingehängt und von der anderen Seite die Bank. In die Kastenöffnung wird eine Turnmatte eingewölbt und weitere Matten werden unter der Leiter, unter der Bank und am Ende der Bank ausgelegt.

Bewegungsablauf:
Die Kinder klettern die Leiter auf den Riesenberg hinauf, übersteigen diesen und rutschen auf der Bank wieder herunter.

Förderbereiche:
- Steigen / Klettern
- Rutschen / Gleiten

Sieben-Meilen-Stiefel

Alter: ab 2 Jahren
Material: mehrere Teppichfliesen, 1 Paar Gummistiefel pro Kind (mind. 3 Nummern größer als die größte Kindergröße)

Aufbau:
Die Teppichfliesen werden mit einem Abstand von einer Kinderschrittlänge durcheinander auf den Boden gelegt. Vor der ersten Fliese werden die Gummistiefel bereitgestellt.

Bewegungsablauf:
Alle Kinder ziehen sich ein Paar Gummistiefel an, das ihnen mind. drei Nummern zu groß ist. Mit Riesenschritten gehen sie damit von Fliese zu Fliese, ohne die Stiefel zu verlieren und ohne auf den Boden zu treten. Welcher Riese kommt mit seinen Sieben-Meilen-Stiefeln am weitesten?

Förderbereiche:
- Gehen / Balancieren
- Gleichgewichtssinn

Waldtiere

Im Fuchsbau

Alter: ab 1,5 Jahren
Material: Ringpaar, Kriechtunnel, Weichbodenmatte, 1 Turnbank, Fallschirm, 4 Seile, 1 Tennisball

Aufbau:
Der Weichboden wird unter die Ringe gelegt. An der einen Seite wird der Kriechtunnel angelegt und an der anderen Seite die Turnbank angestellt. Über dem Weichboden wird der Fallschirm an den Ringen befestigt und hochgezogen. Der Schirm wird zeltdachförmig über der ganzen Matte ausgebreitet und mit Seilen an den Mattenschlaufen befestigt.

Bewegungsablauf:
Die Kinder schleichen als Fuchs durch den Kriechtunnel zum Weichboden in den Fuchsbau. Dort ruhen sich die Füchse aus und erhalten von der Spielleitung eine kurze Tennisballmassage am Rücken. Danach kriechen sie über die Turnbank aus der Höhle hinaus.

Förderbereiche:
- Krabbeln / Kriechen
- Stimulation / Entspannung der Rückenmuskulatur
- Balancieren

Uhu, Uhu

Alter: ab 1,5 Jahren
Material: 1 Gymnastikreifen pro Kind, 2 Turnmatten, 2–3 Wolldecken, 2 Tücher pro Kind, Tamburin

Aufbau:
Die Reifen werden im Raum auf dem Boden verteilt. In der Mitte liegen auf zwei Matten Wolldecken bereit, die zu einem runden Nest geformt sind. Jedes Kind bekommt zwei Tücher um die Handgelenke geknotet.

Bewegungsablauf:
Die Kinder umfliegen als Uhus zum Rhythmus des Tamburins die Reifen, die Bäume, und bewegen dazu flügelschlagend die Arme. Stoppt das Tamburin, landen die Kinder auf den Bäumen. Ruft die Spielleitung: *„Alle Uhus ins Nest!"*, kommen alle schnell in die Mitte und kuscheln sich gemütlich ein, bis das Tamburin erneut erklingt.

Förderbereiche:
- Gehen / Laufen
- Rhythmusgefühl
- Reaktionsvermögen
- Orientierungsfähigkeit

Hasenlauf

Alter: ab 2 Jahren
Material: viele Slalom-Hütchen, Kreide

Aufbau:
Die Kegel werden in einem Zickzackparcours im Raum aufgestellt. Die Wege zwischen den Hütchen werden mit Kreide auf den Boden gezeichnet.

Bewegungsablauf:
Die Kinder laufen den Zickzackkurs wie ein hakenschlagender Hase auf der Flucht ab. Welcher Hase schafft das, ohne ein Hütchen zu berühren?

Variante
Zwei Kinder spielen Fangen und laufen die Slalom-Strecke hintereinander her. Das erste Kind ist der Hase, das zweite der Fuchs, der den Hasen jagt.

Förderbereiche:
- Gehen / Laufen
- Koordination
- Geschicklichkeit

Rehsprung

Alter: ab 2,5 Jahren
Material: viele unterschiedlich große Kartons, mehrere Gymnastikstäbe, Seile, Kreppband, 2 Turnmatten

Aufbau:

Je zwei niedrigere Kartons werden mit etwas Abstand voneinander aufgestellt und ein Stab als Hindernisstange darüber gelegt. Über höhere Kartons werden Seile gespannt und an der Seite lose mit etwas Kreppband befestigt. Die Hindernisse stehen im ganzen Raum verteilt. In einer Ecke werden zwei Matten ausgelegt.

Bewegungsablauf:

Die Kinder überwinden als kleine Rehkitze die niedrigen Hindernisse, indem sie vorsichtig hinübersteigen. Nach einiger Übung sind die Rehkitze zu großen Rehen herangewachsen und mutig geworden: Sie springen jetzt über alle Hindernisse. Dann ist der Tag zu Ende und alle Rehe legen sich gemeinsam zum Ausruhen auf die Matten.

Förderbereiche:

- Gehen / Laufen
- Steigen
- Hüpfen / Springen
- Koordination

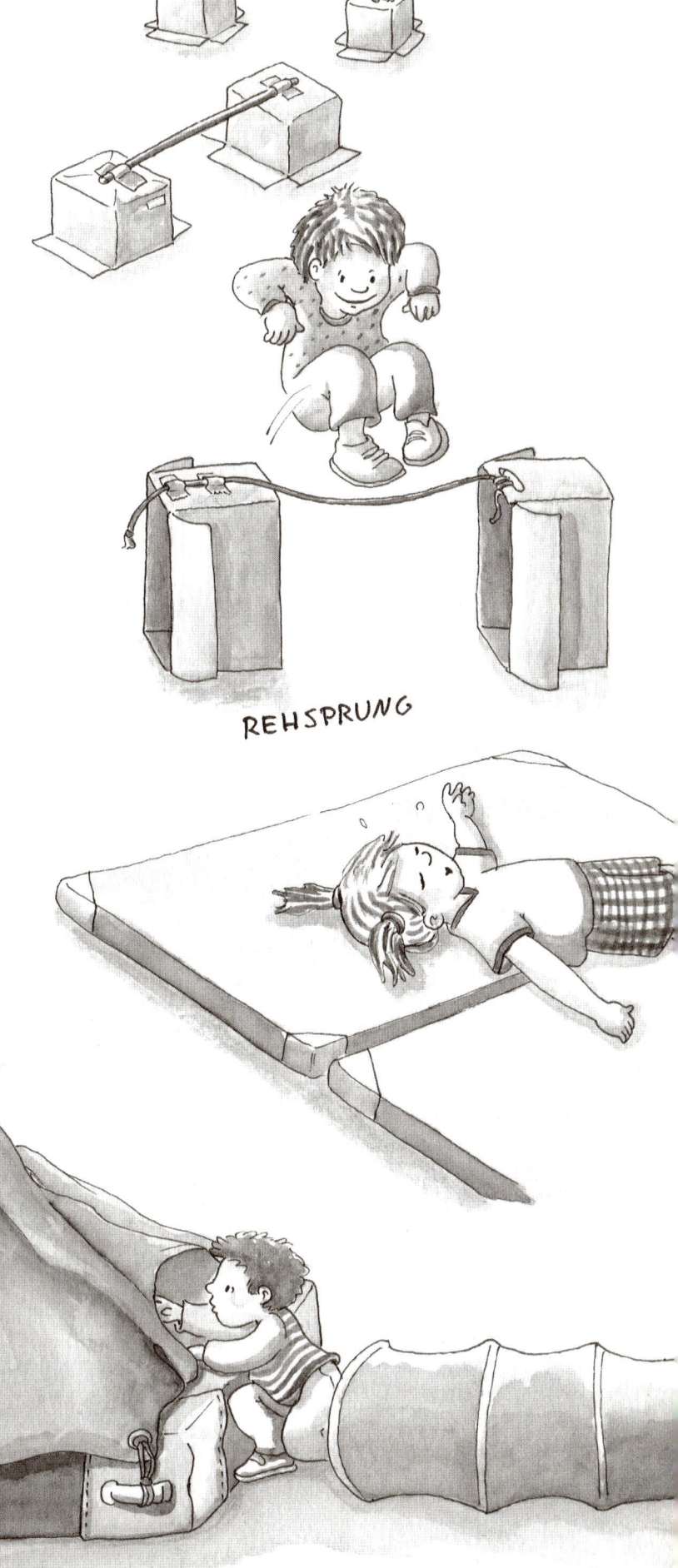

REHSPRUNG

IM FUCHSBAU

Himmel, Mond und Sterne

Sternenfang

Alter: ab 1,5 Jahren
Material: 2 Turnbänke, 2 kleine Kästen, 2 Turnmatten, Kriechtunnel, selbstklebende kleine Silber- oder Goldsterne (Bastelladen), 3 blaue DIN-A2-Tonpapierbögen, Klebeband

Aufbau:
Eine Turnbank wird mit einer Seite auf einen kleinen Kasten aufgelegt und hinter den Kasten wird eine Matte gelegt. Im Anschluss daran wird der Kriechtunnel platziert. Die anderen Geräte werden beliebig im Raum verteilt und so mit kleinen Sternen beklebt, dass sie leicht wieder abzulösen sind. Das Tonpapier wird in große Wolken geschnitten und in Brusthöhe der Kinder auf die Wand hinter der Turnbank geklebt.

Bewegungsablauf:
Die Kinder gehen auf Sternenfang. Dazu müssen die Sternenfänger zum Himmel hinauf über Turnbank und Kasten und durch den Kriechtunnel krabbeln. Am Himmel angekommen suchen sie einen kleinen Stern, laufen außen an allen Geräten vorbei zur Wolkenwand und kleben ihn darauf. Dann erklimmen sie das Himmelszelt von Neuem und gehen wieder auf Sternenfang. Sind am Ende alle Sterne auf den Wolken gelandet?

Förderbereiche:
- Krabbeln / Kriechen / Klettern
- Gehen / Laufen
- Auge-Hand-Koordination
- Orientierungfähigkeit

Sternenleuchten

Alter: ab 1,5 Jahren
Material: Fallschirm, 1 Seil, Ringpaar, Tape, Kriechtunnel, 2 große Kasteninnenteile, 2 Turnmatten, Tau, Papiersterne, Leuchtsterne (Bastelladen), mehrere Taschenlampen

Aufbau:
Der Fallschirm wird mit einem Seil an den Ringen festgebunden. Die Ringe werden so weit hochgezogen, dass der Fallschirm gerade noch den Boden berührt. Der Fallschirmstoff wird mit Tape am Boden befestigt, sodass ein Zelt entsteht. Der Kriechtunnel wird an einer Stelle als Zeltausgang zur Hälfte unter den Fallschirm geschoben. An einer anderen Stelle vor dem Zelt werden zwei Kasteninnenteile mit etwas Abstand zueinander quer aufgestellt und darüber jeweils eine Matte als Hügel gelegt. Das Tau wird vom Anfang des Kriechtunnels ausgehend in einem Bogen bis zum Ende des zweiten Hügels ausgelegt. Im Inneren des Zelts sind Leucht- und Papiersterne am Boden und am Fallschirmstoff aufgeklebt. Einige Taschenlampen liegen in der Höhle bereit.

Bewegungsablauf:
Die Kinder kriechen nacheinander über die Berge in das Himmelszelt hinein. Dort strahlen sie gemeinsam mit der Spielleitung mit den Taschenlampen die Sterne an. Sie kriechen durch den Tunnel aus dem Himmelszelt heraus, balancieren auf dem ausgelegten Tau zu den Hügeln zurück und beginnen von vorn.

Förderbereiche:
- Krabbeln / Kriechen / Klettern
- Auge-Hand-Koordination
- Gehen / Balancieren

Mondlandung

Alter: 2,5 Jahren
Material: 1 Turnbank, großer Kasten, Weichbodenmatte, viele Stühle, ca. 4 Wolldecken

Aufbau:

Die Turnbank wird längs vor den Kasten gestellt und der Weichboden liegt hinter dem Kasten. In Verlängerung der Bank wird eine Gasse aus zwei Stuhlreihen aufgestellt, wobei die Lehnen zueinander zeigen. Über die Lehnen werden die Wolldecken gebreitet.

Bewegungsablauf:

Die Kinder stehen in einer Schlange am Eingang der Raketenstartgasse vor den Stühlen. Mit der Spielleitung sprechen sie gemeinsam:

„Eins, zwei, drei, ab geht es ins All.
Wir fliegen auf den Mond,
auf dem keiner wohnt."

Die Kinder laufen geduckt durch die Raketengasse und hüpfen am Ende schnell heraus. Sie balancieren über die Turnbank, klettern den Kasten hinauf und landen mit einem Sprung ins All auf dem Mond.

Förderbereiche:

- Reaktionsvermögen
- Orientierungsfähigkeit
- Laufen / Balancieren
- Klettern
- Niederspringen

Mondlandschaft

Alter: ab 2,5 Jahren
Material: Fußmatte, Schleifpapier, angefeuchteter Putzlappen, 1 breiter Schuhkarton mit Seesand, 1 breiter Schuhkarton mit Styroporflocken, 5 Gymnastikreifen

Aufbau:

Die Materialien werden kreisförmig in der Raummitte ausgelegt. Um jedes Material wird zusätzlich ein Reifen gelegt.

Bewegungsablauf:

Die Kinder ertasten im abgedunkelten Raum die Mondlandschaft mit nackten Füßen. Dazu suchen sie im Dämmerlicht die verschiedenen Stationen auf.

Förderbereiche:

- Tastsinn
- Orientierungsfähigkeit

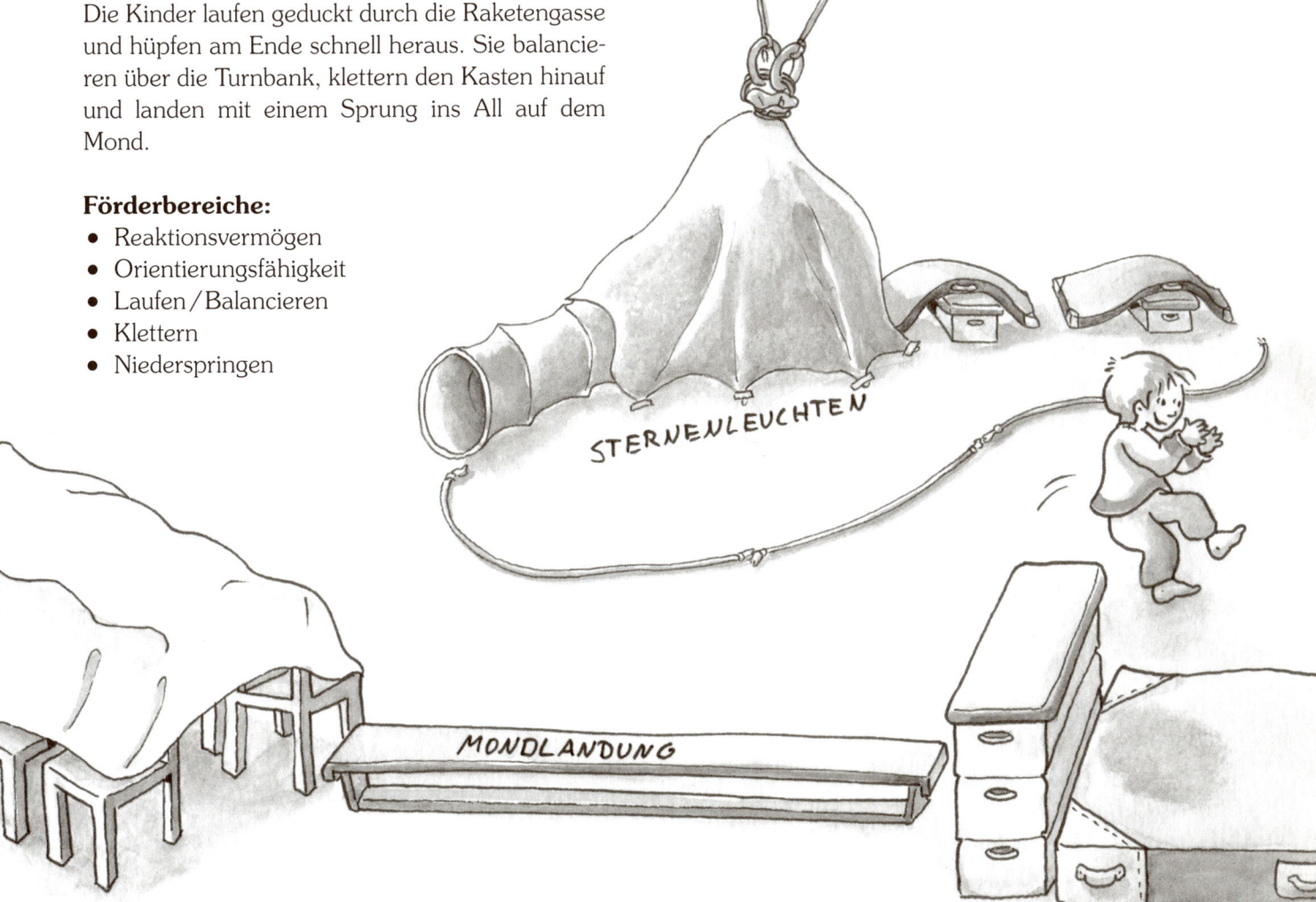

Advent, Advent

Adventskranz

Alter: ab 1,5 Jahren
Material: 4 Abflussrohre (50 cm lang), 4 gelbe Softbälle

Aufbau:
Die Abflussrohre werden zu einem Quadrat mit ca. 3 m Seitenlänge aufgestellt. Die Softbälle werden in die Mitte gelegt.

Bewegungsablauf:
Die Kinder zünden nacheinander die vier Kerzen des Adventskranzes an. Dazu holen sie sich jeweils einen gelben Ball aus der Mitte und legen diesen vorsichtig auf ein Abflussrohr, bis alle Kerzen brennen.

Förderbereiche:
- Auge-Hand-Koordination
- Feinmotorik

Nikolausstiefel füllen

Alter: ab 2 Jahren
Material: 2 Schnüre, 1 Gummistiefel, Sprossenwand, 1 Turnmatte, Nüsse, kleine orangefarbene Bälle

Aufbau:
Mithilfe der Schnüre wird der Gummistiefel oben an der Sprossenwand angebunden. Vor die Sprossenwand wird die Turnmatte gelegt. Daneben werden die Nüsse und die Bälle ausgelegt.

Bewegungsablauf:
Leider hat der Nikolaus einen Kinderstiefel zum Befüllen verloren, als er auf das Dach geklettert ist. Nun wollen die Kinder ihm beim Füllen helfen. Sie nehmen sich eine Nuss oder einen Mandarinen-Ball und klettern damit die Sprossenwand hinauf. Dort legen sie die Nuss oder den Ball in den Nikolausstiefel und klettern wieder herunter.

Förderbereiche:
- Steigen / Klettern
- Auge-Hand-Koordination

Nikolausspiel

Alter: ab 2,5 Jahren
Material: 1 Bohnensäckchen

Die Kinder sitzen im Kreis. Ein Kind erhält das Bohnensäckchen, geht damit außen um den Kreis herum und wiederholt die ganze Zeit die Worte: *„Haus, Haus, Haus …"* Plötzlich legt es das Säckchen jedoch hinter einem der Kinder ab, ruft: *„Nikolaus!"* und läuft weiter um den Kreis herum. Das andere Kind, hinter dem das Säckchen abgelegt wurde, folgt dem davonlaufenden Kind, das sich auf den frei gewordenen Platz setzt. Nun ist das andere Kind an der Reihe, das Säckchen hinter einem weiteren Kind abzulegen.

Förderbereiche:
- Gehen / Laufen
- Reaktionsvermögen
- Geschicklichkeit, Schnelligkeit

ADVENTSKRANZ

Plätzchen backen

Alter: ab 2 Jahren
Material: großer Kasten, 2 kleine Kästen, viele Bälle in drei Sorten (z. B. Soft-, Igel- und Medizinbälle)

Aufbau:

Die Kasteninnenteile werden einzeln mit etwas Abstand zueinander auf den Boden gestellt. In die erste Lücke wird der Kastendeckel und in die zweite Lücke ein kleiner Kasten gestellt. Neben das dritte Kasteninnenteil wird der zweite kleine Kasten gestellt. In jedes Kasteninnenteil wird eine Sorte Bälle hineingegeben.

Bewegungsablauf:

Die Kinder sind der Plätzchenteig, in den verschiedene Zutaten hineingearbeitet werden wie z. B. Rosinen oder Nüsse. Die Kinder legen sich dazu bäuchlings auf den ersten kleinen Kasten. Die Spielleitung und die anderen Kinder greifen sich einen Ball aus dem ersten Zutatenkasten und rollen diesen auf dem Rücken des Kindes hin und her. Nun steht das Kind auf und legt sich auf den nächsten Kastendeckel, wo wiederum einige Kinder jeweils einen Ball aus dem nächsten Kasten nehmen. Das geht so weiter, bis jedes Kind mit allen drei Zutaten gespickt ist.

Förderbereiche:

- Tastsinn
- Entspannung der Rückenmuskulatur

NIKOLAUSSTIEFEL FÜLLEN

PLÄTZCHEN BACKEN

Weihnachtspost

Luftpost

Alter: ab 1,5 Jahren
Material: Ringpaar, 1 großes Kasteninnenteil, 2 Seile, 2 Turnmatten, 1 Postaufkleber und 1 weihnachtlicher Aufkleber pro Kind

Aufbau:
Das Ringpaar wird auf Schulterhöhe der Kinder eingehängt. Mithilfe der beiden Seile wird das Kasteninnenteil quer unter den Ringen befestigt, so-dass es in der Luft schwebt. Darunter werden die beiden Turnmatten ausgelegt.

Bewegungsablauf:
Die Kinder spielen eine Weihnachtskarte, die dringend per Luftpost verschickt werden muss, damit sie noch rechtzeitig zu Weihnachten ankommt. Sie legen sich mit dem Bauch auf das untere Brett in das Kasteninnenteil und lassen Arme und Beine vorne und hinten heraushängen. Die Spielleitung versieht die Kinder mit einem weihnachtlichen und einem Postaufkleber, dann kann der Flug losgehen. Die Kinder schaukeln sich mit Händen und Füßen selbst leicht an, indem sie sich von der Matte abdrücken.

Förderbereiche:
* Schaukeln / Schwingen

Paketwaage

Alter: ab 2 Jahren
Material: 1 großer Kastendeckel, 1 Turnmatte, 1 Turnbank, 2 Quietschtiere oder Hupen, 2 Isomatten

Aufbau:
Der Kastendeckel wird auf den Boden gelegt und darüber die Turnmatte gewölbt. Die Turnbank wird mit der breiten Seite mittig auf die Turnmatte gelegt. Unter die Bankenden wird je ein Quietschtier gelegt und mit der Isomatte abgedeckt.

Bewegungsablauf:
Die Kinder gehen als kleine Weihnachtspakete über die Waage und bringen sie zum Hupen. Dazu gehen sie auf der breiten Seite der Bank und halten sich mit den Händen an der schmalen Seite fest.

Förderbereiche:
* Gehen / Balancieren

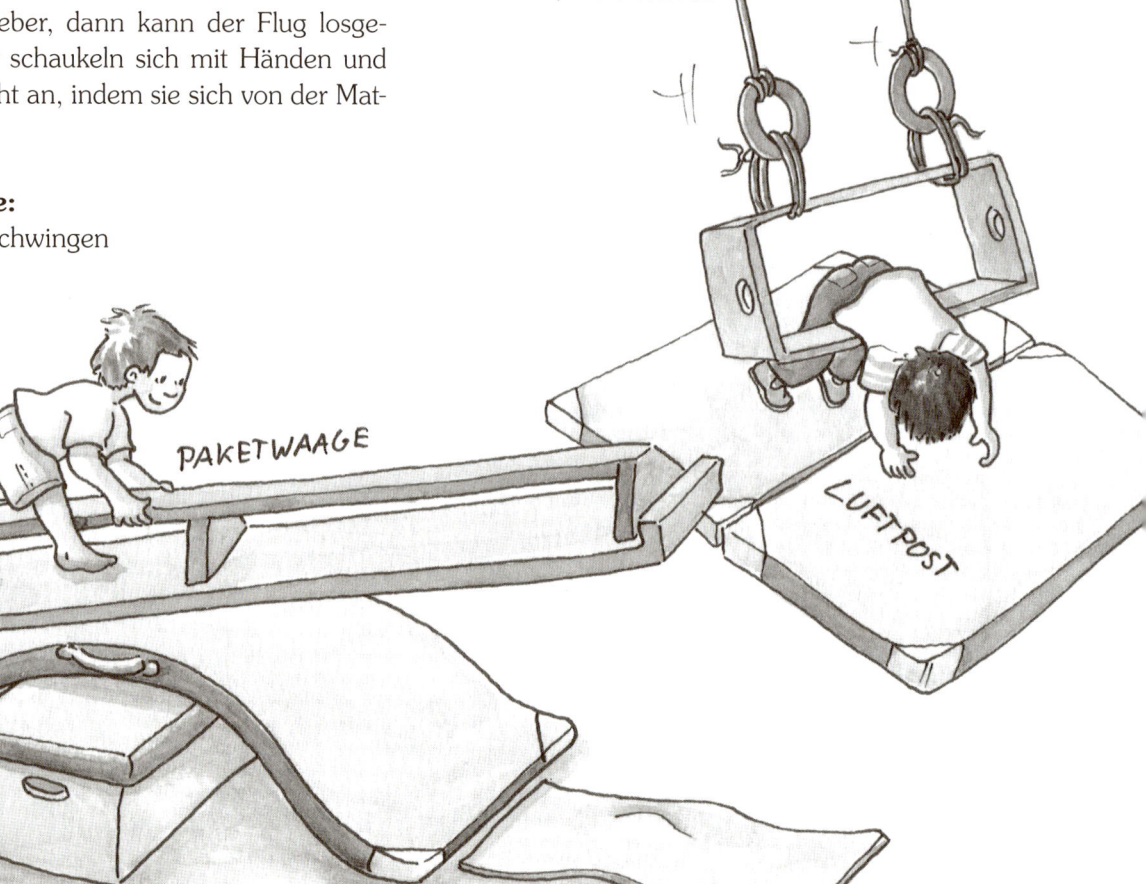

Briefkasten

Alter: ab 1 Jahr
Material: 3 große Kasteninnenteile, 2 Turnmatten, 1 Isomatte, weihnachtliche Briefumschläge, 1 Karton

Aufbau:
Die Kasteninnenteile werden mit ca. 40 cm Abstand quer zueinander auf dem Boden aufgestellt. Eine Turnmatte wird durch die Kasteninnenteile geschoben und die andere Matte oben auf die Innenteile gelegt. Die Isomatte wird auf einer Seite leicht unter die obere Turnmatte geschoben, sodass sie auf der anderen Seite bis auf den Boden hängt. Daneben werden die Umschläge bereitgelegt und an das Ende der Station wird der Karton gestellt.

Bewegungsablauf:
Die Kinder wollen ihre Weihnachtspost in den Briefkasten werfen. Dazu nehmen sie sich einen Briefumschlag und schlüpfen damit unter der Isomatte, dem Briefkastendeckel, hindurch. Sie robben auf dem Bauch oder dem Rücken unter dem Mattentunnel durch und werfen am Ende ihren Brief in den Karton.

Förderbereiche:
• Krabbeln/Kriechen/Robben

Paketauto

Alter: ab 2 Jahren
Material: 1 Turnbank, Sprossenwand, 1 Seil, 1 Rollbrett, 1 kleiner Kasten, 3 Slalom-Hütchen, 1 Weihnachtspaket

Aufbau:
Die Turnbank wird mit einer Seite auf Schulterhöhe der Kinder in die Sprossenwand eingehängt. Das Seil wird an das Rollbrett geknotet und das Brett am Ende der Bank aufgestellt. In ca. 3 m Entfernung wird der kleine Kasten umgedreht hingestellt und die Hütchen werden zwischen dem Rollbrett und dem Kasten aufgestellt. Das Paket wird neben die Sprossenwand gelegt.

Bewegungsablauf:
Die Kinder spielen Paketboten und lassen das Paket die Bank hinunterrutschen, als ob es bei der Post gerade die Rampe nach unten kommt. Sie legen es auf das Rollbrett, das Paketauto, und ziehen es um die Hütchen, bis sie am kleinen Kasten angekommen sind, wo sie das Paket hineinlegen. Jetzt haben sie das Weihnachtspaket zugestellt.

Förderbereiche:
• Gehen
• Koordination
• Orientierungsfähigkeit

Das Christkind ist da

Weihnachtsgeschenke packen

Alter: 1,5 Jahren
Material: 2 Kasteninnenteile, 2 Turnmatten, 1 Umzugskarton, pro Kind 1 Schuhkarton mit Deckel und 1 Chiffontuch

Aufbau:

Ein Kasteninnenteil wird hochkant aufgestellt und eine Matte zur Stabilisierung unten hineingeschoben. Das zweite Innenteil wird dahinter auf den Boden gelegt und eine Matte darüber gebreitet. Ein Umzugskarton wird mit abgetrennter Bodenpappe zum Durchkrabbeln dahinter platziert. Am Ende des Weges stehen viele kleine Schuhkartons mit Deckeln nebeneinander.

Bewegungsablauf:

Die Kinder wollen Geschenkpakete packen. Dazu nehmen sie ein Chiffontuch, gehen durch die große Tür und weiter über den Hügel zur kleinen Tür. Sie machen sich klein, drücken die Papptür auf und kriechen ins Zimmer hinein. Dort suchen sie sich einen Karton und öffnen ihn, legen das Tuch als Geschenk hinein und schließen den Deckel wieder.

Förderbereiche:
- Gehen / Balancieren
- Steigen
- Krabbeln / Kriechen
- Auge-Hand-Koordination

Tannenbaum schmücken

Alter: ab 1,5 Jahren
Material: Strohsterne, Plastik-Tannenbaum-kugeln, 1 Korb, 1 Turnbank, 3 Gymnastikreifen, 1 Turnmatte, Sprossenwand, grüne Seile oder Band, Kreppklebeband

Aufbau:

Die Sterne und Kugeln werden in einem Korb gegenüber der Sprossenwand bereitgestellt. Die Turnbank wird in einigen Metern Abstand dazu quer in den Raum gestellt. Eine Matte wird gewölbt in drei Reifen hineingeschoben und wiederum in einigen Metern Abstand hinter der Bank ausgelegt. An der Sprossenwand wird aus grünen Seilen die äußere Form eines Tannenbaums gestaltet. An einer Sprosse kleben kleine Kreppbandstreifen.

Bewegungsablauf:

Die Kinder nehmen einen Stern oder eine Kugel aus dem Korb, um damit den Tannenbaum zu schmücken. Sie krabbeln unter der Bank durch und weiter geht es durch die Reifen. Sie erreichen den Tannenbaum und kleben den mitgebrachten Schmuck mit den vorbereiteten Kreppstreifen an die Sprossenwand.

Förderbereiche:
- Krabbeln / Kriechen
- Feinmotorik

WEIHNACHTSGESCHENKE PACKEN

Geschenksack

Alter: ab 2,5 Jahren
Material: großer Kasten, 2 kleine Kästen,
1 Sack mit leichten Bällen oder Luftballons

Aufbau:
An jede Längsseite des großen Kastens wird ein
kleiner Kasten angestellt, sodass eine Kastentreppe entsteht.

Bewegungsablauf:
Die Kinder spielen Weihnachtsmann. Sie nehmen
den Geschenksack auf den Rücken und tragen ihn
über die Kastentreppe auf die andere Seite.

Variante
Die Kinder tragen den Sack zu zweit über die Kastentreppe.

Förderbereiche:
- Klettern / Balancieren
- Kräftigung der (Arm-)Muskulatur
- Körperspannung
- Koordination

TANNENBAUM
SCHMÜCKEN

Kerzenlicht suchen

Alter: ab 2,5 Jahren
Material: 6 Stühle, (Zauber-)Schnüre, Ringpaar,
1 Gymnastikreifen, Decken oder Tücher, viele
(Kaffee-)Dosen, 1 rotes Tuch pro Dose

Aufbau:
Die Stühle werden in einigem Abstand zu den Ringen als Gasse aufgestellt und mit Zauberschnüren
oder Seilen von einem zum anderen Stuhlbein umspannt, sodass zwischen den Seilen Lücken zum
Hineintreten entstehen. An die Ringe wird der
Gymnastikreifen mit einem Seil auf Kniehöhe der
Kinder aufgehängt. Am Ende des Raumes wird mit
etwas Abstand zur Wand ein Seil gespannt, das mit
Tüchern oder Decken behängt wird. Dahinter werden die Dosen mit den hineingesteckten Tüchern
überall als Kerzen platziert.

Bewegungsablauf:
Die Kinder sollen den langen und schwierigen Weg
bis zum Kerzenlicht finden. Dazu überwinden sie
die Seilhindernisse zwischen den Stühlen. Sie steigen auch durch den gefährlichen Reifen, den sie
nicht berühren dürfen. Dann schauen sie hinter
den Vorhang und entdecken das Kerzenlicht. Die
vielen Lichter werden im Slalom von den Kindern
umgangen.

Förderbereiche:
- Gehen / Steigen / Balancieren
- Gleichgewichtssinn
- Orientierungsfähigkeit

Ruhezeit

52

Das Turnen ist zu Ende

Text: C. Grüger / S. Janetzko – Musik: S. Janetzko

Refrain Das Tur-nen ist zu En-de, jetzt wird aus-ge-ruht. Ich gut! 1. Den
hab ganz mü-de Glie-der: Ru-hen tut so

Kopf, den he-be ich gleich an, er schaut sich noch ein-mal um. Es

freut ihn, was er se-hen kann, dann legt er sich hin zum Ruh'n.

Alter: ab 1,5 Jahren
Material: 1 Decke oder Isomatte pro Kind
Ausgangsposition: Alle Kinder legen sich mit dem Rücken auf eine Decke. Sie lassen die Arme locker neben dem Körper liegen und die Beine fallen leicht auseinander.

Refrain:
Das Turnen ist zu Ende,
jetzt wird ausgeruht.
Ich hab ganz müde Glieder:
Ruhen tut so gut!

ruhig liegen

1. Den Kopf, den hebe ich gleich an,
er schaut sich noch einmal um.
Es freut ihn, was er sehen kann,
dann legt er sich hin zum Ruh'n.

den Kopf anheben und nach allen Seiten einmal umschauen, dann wieder ablegen

Refrain:
Das Turnen ist zu Ende …

2. Den Arm heb ich ein letztes Mal,
dann legt er sich müde nieder.
Den andren heb ich auch einmal,
doch Ruhen, das ist ihm lieber.

erst einen Arm, dann den anderen heben und wieder ablegen

Refrain:

Das Turnen ist zu Ende …

3. Die Hand dreht sich noch mal herum,
dann ruht sie sich endlich aus.
Die andre macht sich auch noch krumm,
jetzt ist die Luft wirklich raus.

*erst mit der einen Hand, dann mit der anderen Hand
kreisen und beide wieder ablegen*

Refrain:

Das Turnen ist zu Ende …

4. Das Bein heb ich ein letztes Mal,
dann legt es sich müde nieder.
Das andre heb ich auch einmal,
doch Ruhen, das ist ihm lieber.

jedes Bein einmal strecken und wieder ablegen

Refrain:

Das Turnen ist zu Ende …

5. Der Fuß dreht sich noch mal herum,
dann ruht er sich endlich aus.
Der andre macht sich auch noch krumm,
jetzt ist die Luft wirklich raus.

beide Füße nacheinander drehen und wieder ablegen

Refrain:

Das Turnen ist zu Ende …

Warm einrollen

Alter: ab 1,5 Jahren
Material: 2 kleine Kästen, großer zweiteiliger
Kasten, Weichbodenmatte, 3 Turnmatten,
1 kleine Wolldecke

Aufbau:

Die beiden kleinen Kästen werden direkt nebeneinander aufgestellt. Auf der einen Seite wird der große Kasten angestellt. Die Weichbodenmatte wird von der anderen Seite so auf die kleinen Kästen gelegt, dass sie bündig vor dem großen Kasten abschließt und zur anderen Seite herunterhängt. Die Matten werden am Ende der unteren Seite des Weichbodens aufeinandergestapelt. Die Decke wird auf den erhöhten Teil des Weichbodens über den Kästen ausgebreitet.

WARM EINROLLEN

RUHEN IN DER HÄNGEMATTE

Bewegungsablauf:

Das Jahr geht zu Ende und die Kinder wollen ruhen. Dazu rollen sie sich kuschelig warm ein: Sie klettern den Kasten nach oben, legen sich quer zur Matte auf die Wolldecke und rollen sich nach unten. Dabei halten sie die Decke mit den Händen fest, sodass sie als Wollwickel unten ankommen.

Förderbereiche:
- Steigen / Klettern
- Wälzen / Rollen

Bettruhe

Alter: ab 1 Jahr
Material: 4 Abflussrohre, 1 Turnmatte, 1 Kinderbettwäsche gefüllt mit Luftballons, 1 Kissen

Aufbau:
Die Abflussrohre werden nebeneinander auf den Boden gelegt und mit der Matte abgedeckt. Darauf wird die Bettwäsche mit Ballons gelegt. Am Kopfende wird ein Kissen ausgelegt.

Bewegungsablauf:
Die Kinder legen sich auf die Turnmatte und kuscheln sich in die Bettwäsche ein. Die Spielleitung bewegt die Turnmatte leicht hin und her.

Förderbereiche:
- Gleichgewichtssinn
- Tastsinn
- Entspannung der Muskulatur

Ruhen in der Hängematte

Alter: ab 1 Jahr
Material: Ringpaar, Kriechtunnel, 1 Gymnastikseil

Aufbau:
Das Ringpaar wird auf Schulterhöhe der Kinder eingestellt. Der Kriechtunnel wird mit dem Seil an den Ringen festgebunden.

Bewegungsablauf:
Die Kinder steigen mithilfe der Spielleitung in den Kriechtunnel hinein und legen sich hin. Die Spielleitung schwingt den Kriechtunnel leicht an.

Förderbereiche:
- Schaukeln / Schwingen
- Entspannung der Muskulatur

Winterruhe

Alter: ab 1 Jahr
Material: 1 Turn- oder Isomatte pro Kind, Tücher, Stoffreste, Wattebällchen, Müllbeutelstreifen, Schwämme, Bierdeckel o. Ä., Entspannungsmusik

Aufbau:
Die Turnmatten werden eng aneinandergelegt und die Materialien bereitgestellt.

Bewegungsablauf:
Die Kinder legen sich mit dem Bauch auf die Matten und werden von der Spielleitung mit Materialien bedeckt. Diese legt die Wattebällchen, Tücher, Schwämme usw. nach und nach bei den Kindern auf verschiedene Körperteile. Dazu wird die Entspannungsmusik eingeschaltet.

Förderbereiche:
- Tastsinn
- Entspannung der Muskulatur

Anhang
Literatur

Grüger, Constanze: Bewegungslandschaften im Eltern-Kind-Turnen. 75 Stationskarten für das ganze Jahr. Wiebelsheim (Limpert) 2007.

Dies.: Bewegungsspiele für eine gesunde Entwicklung. Psychomotorische Aktivitäten für Drinnen und Draußen zur Förderung kindlicher Fähigkeiten und Fertigkeiten. Münster (Ökotopia) 2002.

Dies.: Eltern- und Kind-Fitness. Celle (Pohl) 2007.

Dies.: Kleinkinderturnen mit Fantasie. Themenstunden. Aachen (Meyer & Meyer) 2005.

Dies. und Endres, Silke: Phantasievolle Spiel- und Bewegungsideen für Kindergarten, Vorschule und Verein. Wiebelsheim (Limpert) 2007.

Dies. und Horn, Reinhard: Der Hahn hat Schluckauf. Lieder zur sensorhythmischen Förderung. Lippstadt (Kontakte) 2004.

Dies. und Horn, Reinhard: Turnzwerge, ganz groß! Das Bewegungs-Lieder-Buch mit Spiel- und Bewegungsliedern für die ganz Kleinen. Lippstadt (Kontakte) 2008.

Dies. und Sinapius, Henrik: Fröhliche Kinder – motorisch mit Musik gefördert. 12 lustige Mitmach-Lieder zum Turnen, Tanzen und Spielen. Wieblesheim (Limpert) 2008.

Dies. und Weyhe, Susanne: Kinder in Bewegung mit NaturMotorik. Naturprozesse durch Bewegung erleben und verstehen – für Aktionen drinnen und draußen in Kiga, Hort und Grundschule. Münster (Ökotopia) 2007.

Gulden, Elke und Scheer, Bettina: Singzwerge & Krabbelmäuse. Frühkindliche Entwicklung musikalisch fördern mit Liedern, Reimen, Bewegungs- und Tanzspielen für zu Hause, für Eltern-Kind-Gruppen, Musikgarten und Krippen. Münster (Ökotopia) 2004.

Hering, Wolfgang und Jekic, Angelika: Musik mit den ganz Kleinen. Reinbek (rororo) 2003.

Kasprik, Birgit: Wi-Wa-Wunderkiste. Mit dem Rollreifen auf den Krabbelberg; Spiel- und Bewegungsanimation für Kinder von 1–3 Jahren. Münster (Ökotopia) 1995.

Lindner, Heidi (Hrsg.) und Tietz, Katja (Red.): Hier bewegt sich was. Aachen (Meyer & Meyer) 2000.

Mühlenberg, Gisela: Budenzauber. Spiellieder und Bewegungsspiele für kleine und große Leute. Münster (Ökotopia) 1992.

Ried, Bettina: Eltern turnen mit den Kleinsten. Anleitung und Anregung zur Bewegungsförderung mit Kindern von 1–4 Jahren. Münster (Ökotopia) 1996.

Sportjugend NRW: Kinder mit mangelnden Bewegungserfahrungen. Teil 1. Duisburg 1996.

Stein, Gisela: Kinder und Eltern turnen. 1–2-jährige und 3–6-jährige Kinder turnen gemeinsam mit ihren Eltern. Aachen (Meyer & Meyer) 1997.

Zimmer, Renate: Handbuch der Bewegungserziehung. Didaktisch-methodische Grundlagen und Ideen für die Praxis. (Herder) 1998.

Die Autorinnen

Constanze Grüger, Jahrgang '74, hat Dipl. Pädagogik mit dem Schwerpunkt Erwachsenenbildung studiert. Sie hat über den Deutschen Turner-Bund und den Deutschen Sportbund Übungsleiterlizenzen für das Kinderturnen, Eltern-Kind-Turnen und das Profil „Gesundheitsförderung im Kinderturnen" erworben.

Susanne Weyhe und Constanze Grüger

Seit einigen Jahren ist sie in der Aus- und Fortbildung im In- und Ausland von ÜbungsleiterInnen, ErzieherInnen und SportlehrerInnen tätig. Darüber hinaus hat sie Lehraufträge an IBUS der Universität Flensburg und an der Hannah-Arendt-Schule im Fachbereich Sozialpädagogik.

Seit 2002 ist sie als Autorin von Fachbüchern und Kinderliedern tätig.

Susanne Weyhe, Jahrgang '57, ist ausgebildete Sport- und Gymnastiklehrerin und lebt in Flensburg. Beim Aktionskreis Psychomotorik beendete sie 1994 ihre Ausbildung zur Psychomotorikerin. An der Fachhochschule für Sozialpädagogik in Kiel erwarb sie sich 2003 nach einem berufsbegleitenden Studium den Titel der Naturspielpädagogin. Seit vielen Jahren arbeitet sie in Dänemark als Sportlehrerin, Psychomotorikerin und Naturspielpädagogin bei der deutschen Minderheit.

Fortbildungsangebote

Constanze Grüger bietet Tages- und Wochenendfortbildungen sowie Workshops für ÜbungsleiterInnen, ErzieherInnen oder SportlehrerInnen an, z. B.:

- Bewegungsförderung für die Kleinsten, Spielen, Singen und Turnen für Kinder von 1–3 Jahren
- Sensorhythmik, Bewegung und Wahrnehmen mit Musik für Kinder von 4–8 Jahren
- Bewegungslieder und Bewegungsgeschichten für Kinder von 3–6 Jahren
- Spiele mit Klein- und Alltagsmaterialien für Kinder von 4–10 Jahren
- Turnen an Geräten, Bewegungslandschaften für Kinder von 1–10 Jahren
- oder individuell auf Ihre Bedürfnisse zusammengestellte Themen

Bitte nehmen Sie Kontakt zu mir auf unter:
Constanze Grüger
Teichgraeberweg 12
24939 Flensburg
Tel.: (04 61) 31 54 52 32
Fax: (04 61) 31 54 52 33
E-Mail: **grueger@kleinkinderturnen.de**
www.kleinkinderturnen.de

Die Illustratorin

Anne Wöstheinrich (Dipl. Designerin), geboren 1969 in Beckum, studierte Illustration und Grafik-Design an der Fachhochschule Münster. Seit zwölf Jahren arbeitet sie als selbstständige Kinder-, Jugend- und Schulbuchillustratorin für verschiedene Verlage. Sie lebt mit ihren zwei Kindern und zwei Katzen in Münster.

… und dazu der Tonträger von Stephen Janetzko:

Turnhits für Krabbelkids

Quirlige Lieder für die Kleinsten zum Krabbeln, Laufen, Hüpfen und Klatschen

Hüpfen und Klatschen, Stampfen und Tanzen, Toben und Entspannen: Vom furiosen Kinder-Begrüßungslied bis zur kurzen Muskelentspannung bietet die CD von Stephen Janetzko altersgerechte neue Bewegungssongs für die Kleinsten. Frische, fantasievolle Aktiv-Lieder begleiten durch das ganze Jahr und regen zum Mittun an.

Der erfolgreiche Kinderliedermacher erreicht die Jüngsten dabei mit kindgerechten Themen: Es geht um Jahreszeiten und Feste, Riesen und Zwerge, Zoo- und andere Tiere und Körperspiellieder. Auch musikalisch sind die fröhlichen Songs so einfach gehalten, dass sogar die Kleinsten bald mitsummen und singen.

Die CD besticht durch frische Arrangements, sympathische Kinderstimmen und abwechslungsreiche Instrumentierungen. Das aufwendig gestaltete Booklet enthält alle Liedtexte.

ISBN 978-3-86702-067-1